O INSTINTO DO SUCESSO

CARO LEITOR,

Queremos saber sua opinião sobre nossos livros.
Após a leitura, curta-nos no facebook/editoragentebr, siga-nos no Twitter@EditoraGente e visite-nos no site www.editoragente.com.br.
Cadastre-se e contribua com sugestões, críticas ou elogios.

Boa leitura!

Renato Grinberg

Autor do best-seller *A estratégia do olho de tigre*

O INSTINTO DO SUCESSO

Transforme seus impulsos primitivos em poderosos aliados na sua carreira e nos negócios

Gerente Editorial
Alessandra J. Gelman Ruiz

Editora de Produção Editorial
Rosângela de Araujo Pinheiro Barbosa

Controle de Produção
Fábio Esteves

Preparação de Texto
Bete Abreu

Projeto Gráfico
Neide Siqueira

Editoração
Join Bureau

Revisão
Malvina Tomáz

Capa
Julio Moreira

Imagens de Capa
Paul Sutherland/Getty Images
Photomorphic/iStockphoto

Impressão
Yangraf

Copyright © 2013 by Renato Grinberg
Todos os direitos desta edição são reservados à Editora Gente.
Rua Pedro Soares de Almeida, 114
São Paulo, SP – CEP 05029-030
Telefone: (11) 3670-2500
Site: http://www.editoragente.com.br
E-mail: gente@editoragente.com.br

Dados Internacionais de Catalogação na Publicação (CIP)
(Câmara Brasileira do Livro, SP, Brasil)

Grinberg, Renato
  O instinto do sucesso : transforme seus impulsos primitivos em poderosos aliados na sua carreira e nos negócios / Renato Grinberg. – São Paulo : Editora Gente, 2013.

  Bibliografia.
  ISBN 978-85-7312-828-4

  1. Carreira profissional – Desenvolvimento 2. Instinto 3. Sucesso em negócios 4. Sucesso profissional I. Título.

13-00770   CDD-658.4093

Índices para catálogo sistemático:
  1. Carreira : Sucesso profissional : Administração 658.4093

Agradecimentos

Dedico este livro aos meus pais, Roberto e Ira Grinberg, que me proporcionaram a melhor infância do mundo. Com eles aprendi os verdadeiros valores da vida. À minha querida esposa, Dani, a quem amo mais e mais a cada dia, e às minhas maiores conquistas neste mundo, minhas filhas, Isabela e Mariana.

Agradeço também a todos aqueles que, de uma maneira ou de outra, me ajudaram a desenvolver e cultivar o instinto do sucesso.

Deixo um agradecimento especial também a: Lourença Barbosa, Ricardo Grinberg, Elijass Gliksmanis, Elisabete Bernardo, Sidney Bernardo, Fernanda Bernardo, Joel Ferreira, Beto Melo, Alessandra Gelman Ruiz, Rosely Boschini, Ricardo Shinyashiki, Roberto Shinyashiki, Roberto Justus, Roni Askenazy, Daniel Sgambatti, Helder Eugênio, Renato Figueiredo, Rafael Davini, Seme Arone Júnior, Carlos Mencaci, José Eduardo Costa, Sergio Averbach, Luís Alexandre Chicani, Mário Sergio Cortella, Carlos Wizard Martins, Danyelle Sakugawa e Rosângela Barbosa.

Sumário

Prefácio 11

Introdução – Das cavernas às corporações 13

Capítulo 1 As sete feras selvagens do mundo profissional ... 19
    Fera 1: A obsessão destrutiva 20
    Fera 2: A insegurança 21
    Fera 3: A agressividade 22
    Fera 4: A arrogância e a subserviência 23
    Fera 5: A impulsividade 25
    Fera 6: A ganância 26
    Fera 7: A obsolescência 28

Capítulo 2 Por que nossos instintos vêm à tona? 31
    Competir para sobreviver 32
    Insatisfação e frustração 33
    Nós gostamos de competir 34
    Ninguém quer perder 36

Capítulo 3 Quando o medo paralisa............ 39
   A raiz da insegurança............ 40
   Ansiedade: o medo do medo............ 41
   O instinto do medo é fundamental............ 42

Capítulo 4 Por que a agressividade aflora no mundo profissional?............ 47
   A origem do nosso lado agressivo............ 48
   Nossos três cérebros............ 49

Capítulo 5 Precisamos nos proteger............ 53
   Os limites da nossa defesa............ 54
   A arrogância que tenta proteger............ 55
   Subserviência, o viés do instinto de defesa............ 58
   Querer ser amado e agradar a todos nem sempre é bom............ 63

Capítulo 6 Pensar ou agir? Eis a questão............ 65
   A intuição pode enganar você............ 66
   A decisão de pensar ou agir............ 68
   A razão que controla a emoção............ 70

Capítulo 7 Querendo sempre mais............ 73
   Escravos da ambição............ 74
   Estamos predestinados a algo?............ 75

Capítulo 8 O desejo de deixar uma marca............ 79
   O ímpeto da permanência............ 82
   Use seus instintos para o sucesso............ 83

Capítulo 9 Transforme seu instinto de sobrevivência em competitividade positiva............ 85
   Prepare-se para ser o melhor............ 86

Nunca pense que é impossível 87
Pare de procrastinar 89
Desenvolva a resiliência 91

**Capítulo 10 Converta insegurança e ansiedade em
planejamento e resultado** 95
Use o medo a seu favor 95
Planeje: faça uma lista 97
Foque o presente 98
Seja otimista! 99
Dessensibilize-se 99
Procure ajuda 102

**Capítulo 11 Faça sua agressividade se transformar
em coragem e motivação** 103
Antes de atacar, pergunte-se: "O que eu ganho com isso?" 104
Respire 106
Mude a expressão facial e corporal 107
Desarme 109
Desenvolva seu "instinto feminino" 110
Administre seu impulso de agredir 111
Ataque com a inteligência, não com os punhos 113

Capítulo 12 Converta arrogância em liderança autêntica 115
O poder do *feedback* 116
Bater ou acariciar? 118
Aprenda a fazer críticas 119
Crie incentivos que contribuam com a colaboração 121
Foque o coletivo 123
Plante sementes de "puro altruísmo" 124
Aceite a realidade: você não será amado por todos 125
Aprenda a dizer não! 126

CAPÍTULO 13   Use a energia de seus impulsos com
racionalidade 129
   Baseie-se em evidências.. 129
   Pratique o exercício dos dez minutos 132
   Aprenda a conviver com a dúvida 133
   Aumente seu nível de dopamina 134
   Use a impulsividade positiva 135

CAPÍTULO 14   Use sua ambição para grandes realizações 137
   Ganhe e faça muita gente ganhar 138
   Transforme inveja em admiração.. 139
   Use a ambição para minimizar o medo de fracassar 139
   Vença sem culpa 141

CAPÍTULO 15   Construa seu legado 143
   Celebre a transformação, a mistura e a diversidade 144
   Construa sua marca no mundo 146

CAPÍTULO 16   Aja como um verdadeiro vencedor..................... 149

Palavras finais – Use seu poder de opção 153

Referências 157

Prefácio

Acredito que muitas pessoas se perguntam o que as levou a estarem onde estão, porque essa é uma questão corriqueira na vida de qualquer pessoa, quer bem-sucedida, quer não. Eu vejo isso como algo que faz parte da natureza humana. Afinal, não conheço ninguém com quem tive a chance de interagir que não tenha almejado de alguma forma o sucesso, o crescimento profissional e – por que não dizer – o reconhecimento.

Em nossa trajetória profissional, todos deparamos em algum momento com dilemas a respeito de qual caminho seguir para continuar evoluindo em nossa carreira. Não foram poucas as vezes que tive esse sentimento de dúvida, com frequência acompanhado do medo de tomar alguma decisão equivocada. Contudo, não deixei esse medo me paralisar. Como meu amigo e grande profissional Renato Grinberg propõe neste livro, usei o medo para ter cautela, para me preparar e principalmente para planejar meus caminhos.

Em minha carreira sempre optei por seguir caminhos que meu interior e minha intuição me indicavam, mas nunca deixei de questionar esses caminhos, ouvindo a voz da razão. A partir daí, seguia um velho ditado que diz para sempre olhar para a frente. Em vez de ficar questionando minhas escolhas, depois de ter decidido seguir um caminho, sempre preferi buscar maneiras de usar toda a minha dedicação, a minha intuição e a minha inteligência de uma forma que pudesse trazer os melhores resultados – independentemente do ambiente ou da situação.

Em seu novo livro, Renato nos faz refletir não só sobre questões fundamentais do dia a dia de nossa vida profissional, mas também, de maneira clara e prática, nos apresenta estratégias para usarmos nossos instintos a nosso favor. Aproveite a leitura para deixar fluir seus instintos, de uma maneira inteligente e positiva, rumo ao sucesso!

Rafael Davini
Diretor-geral – Terra Networks

Introdução

Das cavernas às corporações

"O homem se tornará um ser melhor quando mostrardes a ele como ele é."

Anton Tchekhov

Imagine que você está nas savanas da África do Norte, cerca de 10 ou 12 mil anos atrás. Você sai de sua caverna, parte para a caminhada diária em busca de alimentos e, de repente, é surpreendido pela visão de um enorme tigre-dentes-de-sabre se alimentando com a carcaça de algum animal. Antes que você tenha tempo para pensar em qualquer coisa, a fera levanta a cabeça e olha diretamente para você, com aqueles olhos penetrantes e com sangue escorrendo de suas mandíbulas, que exibem dentes caninos de quase 20 centímetros. O animal faz menção de levantar e você pressente o perigo.

Para reagir a ele, dentro de seu corpo se inicia uma rápida e enorme reação em cadeia, para preparar você para lutar ou fugir. A visão do tigre-dentes-de-sabre é passada para uma área do seu cérebro conhecida como amígdala, que funciona como uma espécie de sistema de alarme quando detecta problemas. A partir daí, todas as regiões necessárias do seu cérebro e do seu corpo são acionadas para lidar com um possível ataque, para que você resolva a emergência.

Os hormônios do estresse, como o cortisol, são liberados pelas glândulas suprarrenais para que seu corpo reaja mais rapidamente; o combustível corporal armazenado em forma de gorduras e açúcares é lançado na corrente sanguínea pelo fígado, para que você tenha energia para agir; você fica ofegante, pois seu sistema respiratório força os pulmões a injetar mais oxigênio no organismo; seu sistema cardiovascular acelera o ritmo para garantir que a energia que está circulando na corrente sanguínea chegue mais rapidamente aos músculos, que serão requisitados na reação. Você começa a suar frio, pois seu corpo se prepara para resfriar o calor que virá dos esforços. Todas as células do seu organismo ficam de sobreaviso.

Enquanto o corpo se prepara para a ação, seu sistema de alarme garante que o cérebro fique 100% focado na ameaça, inclusive promovendo uma complexa mudança química interna, que inibe a ação do córtex pré-frontal, a área cerebral ligada ao pensamento racional, para que você tenha mais reações impulsivas. Isso mesmo: para seu próprio bem, a natureza quer que você siga seus instintos, em vez de ficar analisando a situação, o que daria tempo para o tigre alcançar e devorar você. É correr ou enfrentar a fera.

Durante os milênios de evolução, aprendemos a reagir dessa maneira instintiva para nos proteger. Sem ela, provavelmente nossos ancestrais não teriam sobrevivido e passado seus genes para as próximas gerações. Portanto, graças a isso, chegamos até aqui.

Sempre que se sentir em perigo ou ameaçado, esse mecanismo ocorrerá automaticamente, sem que você tenha de pensar. É seu instinto de sobrevivência. É natural. A neurociência chama essa atitude de *reação de fuga ou luta*. Quando você está em situações-limite, um segundo a mais em que você ficar analisando o que fazer em vez de agir rapidamente pode significar morte certa e, no contexto desse possível ataque do tigre-dentes-de-sabre, talvez fosse mesmo seu fim.

O mundo, porém, mudou radicalmente, e nossa realidade hoje é totalmente diferente do que era naquela época. Não há mais cavernas ou feras selvagens andando por aí, mas ainda trazemos em nossa bagagem genética a mesmíssima programação para reagir ao perigo ou às ameaças que tínhamos no passado remoto.

Se nos sentimos em perigo ou atacados, nosso corpo inicia a instintiva *reação de luta ou fuga*. Ou seja, apesar do avanço e da evolução humana, por vezes, ainda nos deixamos ser comandados por nossos impulsos primitivos.

Seguir apenas nossos instintos e reagir como eles mandam pode causar grandes problemas hoje em dia, especialmente no mundo profissional. É até irônico pensar que o que nos ajudou a chegar até aqui talvez possa agora nos atrapalhar, mas a realidade é mesmo cheia de ironias.

Todos os dias, vemos nas empresas e no ambiente corporativo profissionais de todos os níveis e setores reagindo segundo seus instintos mais primitivos:

- São executivos que tomam decisões abruptas e impensadas que prejudicam as equipes.
- São empreendedores impetuosos que não planejam racionalmente e conduzem seus negócios à falência.
- São profissionais que se sentem ameaçados por colegas e armam planos e intrigas no ambiente de trabalho, causando danos a todos.
- São gestores que, paralisados pelo medo e pela ansiedade, não conseguem agir para alcançar as metas.
- São funcionários que se desesperam por sentirem uma enorme pressão e acabam deixando que o estresse chegue a um nível insustentável.
- São pessoas agressivas e inconstantes, que tratam seus pares com rispidez, por descontarem neles suas frustrações e seus problemas pessoais.

- São líderes que se sentem acuados e chegam a atrapalhar a carreira de colegas e subordinados por criar disputas descabidas no ambiente de trabalho.
- É você quando, ao participar ou presenciar determinada situação, tem vontade de voar na jugular de um colega (ou chefe) por achar absurda alguma atitude dessa pessoa.

O mundo dos negócios parece objetivo e racional, mas a verdade é que ele não é bem assim. É comum nos arrependermos de alguma atitude impensada, pois todos já agimos dessa maneira alguma vez na vida. Quando isso acontece, pode ter certeza: algum instinto primitivo veio à tona e tomou conta do seu comportamento, como se repentinamente você estivesse de volta às savanas da África.

No entanto, a boa notícia é que é possível usar esses instintos a nosso favor para fazer a carreira deslanchar e ter sucesso profissional. É possível direcionar a energia de nossos impulsos inconscientes e usá-la para ter êxito, não apenas no trabalho, mas também na vida pessoal.

Nós não estamos condenados a agir inconscientemente, pois temos um tesouro: enquanto qualquer outro ser vivo neste planeta vive como "refém" de seus instintos, nós, seres humanos, apesar de também sermos regidos por eles, podemos nos conscientizar deles e *optar* por usá-los de maneira construtiva.

Nas próximas páginas, você entenderá mais como esses instintos nos influenciam e o que pode fazer para usá-los de maneira prática, para progredir na sua profissão ou nos seus esforços como empresário e desenvolver o que eu chamo de o instinto do sucesso. Você saberá:

- Como utilizar o instinto da sobrevivência e transformar competição destrutiva em competitividade positiva.
- Como usar o instinto do medo e converter insegurança e ansiedade em planejamento e resultado.

- Como o instinto da preservação pode ser usado para transformar agressividade em motivação.
- Como o instinto de defesa pode ser aproveitado para converter arrogância em liderança autêntica.
- Como aproveitar as reações impulsivas e precipitadas do instinto de reagir rapidamente para aumentar a proatividade e a energia.
- Como o instinto natural de buscar alimentos pode ser usado para ir da ganância e ambição para as grandes realizações.
- Como usar o instinto da reprodução para evitar a estagnação e construir um legado duradouro.

Não tenho aqui a pretensão de postular uma nova teoria científica a respeito dos instintos primitivos, muito menos de me autoproclamar um especialista em Neurociência, Biologia ou Psicologia evolucionista. Muitos estudiosos debruçaram-se sobre esses conceitos e formularam suas hipóteses com grande propriedade. Coloco-me aqui como atento observador da vida prática e estudioso do comportamento humano aplicado aos negócios, com uma diversa e razoável experiência no mundo corporativo, acumulada nos últimos 15 anos em meu trabalho, tanto nos Estados Unidos quanto no Brasil.

O fruto desse empenho foi conseguir identificar algo que pode contribuir de maneira significativa para ajudar você a progredir profissionalmente e desenvolver seu *toque de Midas*. O rei Midas é aquele personagem mitológico que transformava em ouro tudo o que tocava. Esse toque é aquela postura extraordinária que as pessoas que parecem sempre "se dar bem" têm, como se tivessem um "instinto natural" para o êxito.

Conseguir transformar o que pode ser negativo em crescimento e sucesso é algo que definitivamente distingue a espécie humana de qualquer outra. Aproveite seus dons naturais e use-os a seu favor para progredir. Aprenda a desenvolver o instinto do sucesso!

CAPÍTULO 1

As sete feras selvagens do mundo profissional

Quando deixa seus instintos falarem mais alto e dominarem suas atitudes, agindo impulsiva e impensadamente, você está abrindo a porta de uma perigosa jaula, dentro da qual vivem presas algumas feras selvagens. Essas feras estão, na maioria do tempo, calmas ou adormecidas, mas, ao menor estímulo, podem reagir e se tornar um verdadeiro perigo para quem está à sua volta, e, o que é pior, para você mesmo.

Essas feras são seus instintos primitivos que se manifestam sem controle. Elas estão famintas e ávidas por sair em busca de algo que alimente sua natureza. Quando essas feras ficam soltas em um ambiente de trabalho, sem um direcionamento positivo, grandes estragos podem acontecer.

Apresento a seguir as sete principais feras selvagens que podem atrapalhar o desenvolvimento de qualquer profissional ou empresário, se não estiverem sob domínio. Provavelmente, você já vivenciou ou presenciou esses "animais selvagens" soltos agindo em seu dia a dia. Eles são o pior inimigo de qualquer pessoa que busque o sucesso.

As feras podem ser suas ou dos outros, não importa. É preciso que você as reconheça e fique alerta para perceber quando alguma jaula foi aberta, propositalmente ou não. A partir disso, poderá ter cautela e ficar atento para não ser surpreendido por suas garras afiadas e servir de presa fácil para esses animais selvagens assustadores que existem dentro de todos nós.

Fera 1: A obsessão destrutiva

É natural que os profissionais queiram se destacar no trabalho, seja ascendendo na carreira, seja realizando bons negócios ou buscando liderar o mercado em que atuam. Entretanto, sempre existem os concorrentes, ou pessoas que podem significar, na visão desses profissionais, um obstáculo. Seu desejo inconsciente é fazer com que os concorrentes e os obstáculos desapareçam, para que consigam alcançar seus objetivos. Por isso, muitas vezes, profissionais ou empresários entram em disputas ferozes, querendo "destruir" o que os atrapalha, valendo-se até de recursos antiéticos para ver o inimigo sucumbir. Normalmente, isso só traz prejuízo para os dois lados.

Já presenciei executivos da área comercial engajados em disputas pessoais com seus colegas em que um tentava sabotar o outro em vez de focarem o mais importante: entender e resolver as necessidades dos clientes. Há pessoas que fazem questão de ressaltar, dissimuladamente, os defeitos e as possíveis falhas ou os erros dos outros, para se sobressair e tirar vantagem da situação, tentando, assim, tirá-los da frente (pois, em sua visão, eles atrapalham seus planos). As vítimas dessas armadilhas podem ter o ímpeto de vingança e realizar o mesmo jogo. Em outro contexto, há empresários que agem irracionalmente abaixando os preços de seus produtos e serviços para valores menores que o próprio custo para "eliminar" o concorrente.

Em todos esses casos, o resultado dessas disputas irracionais é obviamente desastroso. Equipes e departamentos são destruídos por profissionais que contaminam os outros com suas questões alheias ao negócio, e empresas e até mesmo indústrias inteiras são prejudicadas por decisões baseadas nessas disputas destrutivas.

O problema é que quando essa fera toma conta das pessoas no trabalho, a destruição do oponente se torna o único e possível objetivo, uma obsessão que na maioria das vezes acaba levando a perdas para todos os envolvidos na disputa.

Fera 2: A insegurança

Ter de lidar com pessoas inseguras no ambiente de trabalho é um grande obstáculo para quem se depara com elas. Líderes inseguros trazem instabilidade e desorientação para suas equipes. Pessoas inseguras adiam decisões e têm medo de assumir responsabilidades, e isso atrapalha o andamento do trabalho de seus pares. Contudo, quando a insegurança é nossa, o problema é mais delicado ainda.

A insegurança acarreta dificuldade de agir e paralisia, e quem está paralisado e temeroso tem menos chances de galgar cargos mais altos na carreira. Há um medo de errar e arriscar gigantesco, que acaba contaminando quem está em volta. Empreendedores inseguros diminuem a possibilidade de captar investimentos para seus projetos, pois um dos critérios mais considerados para decidir onde apostar capital é, além da ideia e do plano de negócios, a capacidade do empreendedor de seguir adiante mesmo em condições adversas. Certa vez, ouvi um investidor dizer: "Investimos tanto no cavalo (referindo-se à ideia) quanto no cavaleiro (referindo-se ao empreendedor)". Entretanto, se não há firmeza, não há negócio.

A insegurança também tem um desdobramento comum no meio profissional. Por não saberem ao certo o que virá ou como deverão agir, as pessoas acabam tornando-se ansiosas, e muitas acabam deixando a ansiedade assumir proporções incontroláveis.

Se um vendedor se deixa levar pelo medo antecipado do "não", provavelmente vai atropelar a própria venda e perder o negócio. Acaba como aqueles rapazes ansiosos em conquistar uma namorada que no fim perdem a disputa para o amigo mais calmo e discreto, que fica *esperando* a "presa" em vez de avançar.

As decisões tomadas por alguém ansioso quase sempre geram problemas, desde a simples perda de um cliente porque o vendedor estava muito aflito para fechar o negócio, e o cliente não se sentiu confortável com seu comportamento, até decisões como a de deixar o emprego por imaginar que alguém o está perseguindo, ou estão pensando em demiti-lo, ou algo assim. A pessoa age tomada de um pânico que ela não consegue controlar e infelizmente chega a tomar atitudes que podem causar danos irreparáveis para ela mesma.

Fera 3: A agressividade

Provavelmente, você já teve um chefe ou um colega que o maltratou sem motivo relevante ou talvez você mesmo já tenha sido grosseiro com algum colega sem razão. Ou, então, já foi destratado por um vendedor em uma loja ou um garçom que parecia estar irritado por algum motivo. Quando a agressividade aflora no universo corporativo, surgem problemas significativos.

Certa vez, liguei para uma empresa para retornar uma ligação e, apesar de ter passado o nome e o sobrenome da pessoa que havia me ligado, a telefonista me transferiu para um ramal que claramente não era o da pessoa correta. Quando alguém do outro lado da linha disse "alô", eu simplesmente respondi: "José?". A resposta, em tom extremamente ríspido, foi: "Não! Aqui não é o José!", e a ação seguinte – desligar o telefone na minha cara – não me deixou dúvidas de que aquela pessoa agressiva provavelmente estava projetando alguma frustração (decerto bem recente) em mim, alguém que ela não conhecia. Aquele comportamento da pessoa que "não era o José" me deixou bastante irritado e me deu vontade de agredir de volta e de projetar todas as minhas frustrações pessoais em cima dela, mas, felizmente, eu nem sabia o nome da pessoa e, portanto, não poderia reconectar a ligação com ela.

O ponto aqui é que esse tipo de comportamento é uma das feras mais comuns no dia a dia corporativo e tem consequências desastrosas para o clima e a consequente produtividade em uma empresa. Há alguns anos, li um artigo de uma revista que dizia que algumas empresas no Japão possuíam um pátio com sacos de areia, do tipo que se usa para treinar boxe, com os nomes de todos os seus diretores e do seu presidente. Os funcionários, quando tinham intervalos, podiam se dirigir até esse pátio e dar socos e pontapés nos sacos de areia, ou seja, podiam, literalmente, despejar a raiva e a agressividade naqueles objetos inanimados, que simbolicamente representavam pessoas da empresa. A ideia parece um pouco estranha e até engraçada, mas a verdade é que podia ser uma boa estratégia para evitar que um funcionário que estivesse furioso acabasse descontando isso em alguém.

Fera 4: A arrogância e a subserviência

Essa fera tem duas cabeças, mas são duas faces de uma mesma questão: arrogância e subserviência. São igualmente comuns e selvagens.

Em praticamente todo ambiente de trabalho, existem aqueles profissionais que são considerados prepotentes ou arrogantes, que acham que sabem tudo. Por isso, não ouvem nada, não aceitam sugestões e qualquer crítica ou *feedback* que recebam são simplesmente ignorados ou até rechaçados com veemência. Contrariando um secular ditado chinês que diz "sábio é aquele que ouve, não aquele que fala", essas pessoas não param para ouvir o que funcionários, colegas, gestores ou subordinados têm a dizer a elas. Muitas vezes, a arrogância chega ao ponto de fazê-las ignorar o que os próprios clientes ou mesmo o mercado diz.

Certa vez, acompanhei uma situação em que o departamento de marketing de uma empresa de transportes recebeu os dados de uma pesquisa a respeito de um novo serviço que pretendia lançar no mercado. A pesquisa mostrava claramente que os consumidores pesquisados, apesar de acharem o serviço interessante, não estavam dispostos a pagar por aquela conveniência. O vice-presidente dessa empresa, que na verdade era o "pai" da nova iniciativa, disse o seguinte para seu diretor de marketing, ao receber os resultados da pesquisa: "Steve Jobs é que tinha razão quando dizia que os consumidores não sabem o que querem e por isso não atentava a pesquisas. Pode jogar essa pesquisa no lixo, e vamos em frente com o novo serviço".

A afirmação desse executivo era de tamanha prepotência que não dava para saber o que era pior: ele se comparar a Steve Jobs ou achar que sabia mais que os próprios consumidores. O novo serviço foi lançado e, após sete meses e alguns milhares de reais gastos em insistentes campanhas de marketing e promoções, foi descontinuado por falta de demanda. Steve Jobs era um gênio visionário e talvez ele pudesse se dar ao luxo de não prestar atenção às pesquisas, mas atitudes prepotentes como as desses executivos que simplesmente ignoram o que chega aos seus ouvidos trazem consequências desastrosas.

No extremo oposto do comportamento arrogante há aqueles profissionais que são subservientes. São aquelas pessoas sempre solícitas, que procuram agradar e nunca decepcionar quem está perto. Sabem responder cordialmente a tudo, porém falta uma palavra em seu vocabulário: NÃO! Para quem tem alguém assim ao lado, pode até parecer vantajoso, mas o fato é que a pessoa muitas vezes sofre profundamente, mas fica calada. Ninguém percebe sua agonia.

John Kennedy certa vez disse: "Não sei qual é o caminho para o sucesso, mas o do fracasso é certamente tentar agradar a todos". Quando um profissional começa sua carreira ou quando um empreendedor abre seu primeiro negócio, é comum tentar agradar a todos. Apesar de essa "boa vontade" ser fruto do simples desejo de ser bem-sucedido, jovens profissionais acabam sendo sufocados por uma montanha de pedidos do chefe, de colegas e até de fornecedores.

Atolados em tarefas tangenciais ao seu foco de trabalho e que consomem parte importante do dia, esses profissionais, na ânsia de agradar a gregos e troianos, não delegam tarefas, não buscam ajuda e acabam fazendo jornadas de trabalho muito mais longas do que seria normal. Além de se tornar improdutivos, eventualmente são levados ao que os norte-americanos chamam de *burn-out*, um estresse extremo, algo como um esgotamento físico e mental. No caso de empreendedores, quando tentam acomodar os pedidos mais diversos e atender a todas as exigências dos clientes, muitas vezes sem nexo, acabam incorrendo em custos adicionais que tornam a operação financeiramente inviável.

Fera 5: A impulsividade

Apesar de já no século XVII o filósofo e matemático francês René Descartes ter deixado célebre a frase "penso, logo existo", muitas pessoas do mundo dos negócios parecem ignorar essa tão preciosa faculdade dos seres humanos: a habilidade de *pensar* antes de agir.

Movidos puramente por impulso, ou o que chamam de *feeling*, esses profissionais acabam tomando decisões que podem acabar destruindo sua carreira e as empresas que dirigem. Em janeiro de 2007, ocorreu um terrível e lamentável acidente nas obras do metrô no bairro de Pinheiros, em São Paulo, que acabou matando sete pessoas. O acidente foi causado por uma ruptura do solo em que havia as escavações de uma futura estação do metrô, o que criou uma imensa cratera que acabou "engolindo" pessoas e veículos que passavam no local naquele momento.

Em um clássico momento de "agir *antes* de pensar", um executivo de marketing da empresa Red Bull ordenou, imediatamente após a notícia do acidente, uma campanha promocional nas imediações do local onde tragicamente pessoas haviam perdido a vida, que destacava o slogan da empresa "Red Bull te dá asas". A ideia estapafúrdia e de mau gosto do marketing era associar o conceito do slogan de que Red Bull "dava asas" às pessoas e, portanto, se elas tomassem a bebida energética, não cairiam no buraco.

Felizmente, algum executivo da própria Red Bull, que pensava antes de agir, ordenou a suspensão imediata da ação promocional assim que soube o que estava acontecendo, e a emissão de um pedido de desculpas às famílias das pessoas que haviam sofrido o acidente. Obviamente, o estrago à imagem da empresa já havia sido feito e, naquela altura dos acontecimentos, só o tempo diria o tamanho do prejuízo. Nesse caso específico, ao que tudo indica, a empresa teve sorte e o acontecimento não gerou maiores ramificações negativas para a marca. Contudo, atitudes como essas em que executivos "agem *antes* de pensar" podem causar problemas muito sérios e até destruir uma carreira ou uma empresa.

Quem age por impulso ou precipitadamente deixa-se levar pela emoção do momento, e isso cega para a visão do todo da situação. Existem os arroubos, os ímpetos, as culpas e os arrependimentos, claro. Os prejuízos que disso decorrem são inúmeros. As pessoas tendem a enfiar "os pés pelas mãos", pois vivem em uma gangorra emocional, com muitos altos e baixos. Elas prejudicam os outros, mas também elas próprias, pois perdem oportunidades importantes, descontrolam-se e deterioram os relacionamentos, uma vez que muitos tendem a se afastar de quem age assim.

Fera 6: A ganância

É muito comum se deparar com pessoas gananciosas ou ambiciosas no mundo corporativo. No entanto, quando essas feras estão exacerbadas, elas não enxergam o que há pela frente e vão passando por cima de tudo e de todos para alcançar o que desejam.

Você já deve ter ouvido algum colega ou gestor em sua empresa, ou talvez um sócio, dizer algo do gênero: "Não importa quem tenha tido a ideia, nós sempre usaremos a que trouxer os melhores resultados para a empresa". Na teoria, isso é maravilhoso, mas, na prática, pode não acontecer, uma vez que alguém dá um jeito de roubar os créditos para si e lucrar com isso. A ganância ou a ambição exasperada que tomam conta de alguns executivos ou empresários os deixam cegos para analisar racionalmente que o sucesso e a perpetuação de uma empresa são objetivos mais importantes que o sucesso e a satisfação pessoal do indivíduo.

Herdeiros destroem verdadeiros impérios por ambição pessoal. Um exemplo que ilustra bem essa situação é a recente briga relatada na mídia dos herdeiros da Companhia Müller de Bebidas, dona da famosa Cachaça 51. Dois irmãos, movidos por diferenças pessoais, após a morte do pai, que fundou a empresa, vivem um impasse em que um deles não vende sua participação e não permite que o outro controle a empresa. O outro, por sua vez, não permite a distribuição de dividendos o que, segundo relatou um veículo de comunicação, levou o outro irmão, que não possuía outra fonte de renda, a ser despejado do apartamento de luxo que alugava. O curioso é que a empresa foi avaliada em aproximadamente 1 bilhão de dólares, ou seja, dinheiro não falta para que qualquer acordo, por pior que seja, deixe os herdeiros extremamente ricos.

Também é relativamente comum ver empresários que não preparam sua sucessão por colocarem o ego e a ganância acima do negócio e acharem que são insubstituíveis ou que "viverão para sempre". Inevitavelmente, tudo o que aquele empresário conquistou com tanto esforço ao longo de anos de trabalho é destruído após sua morte, ou mesmo ainda em vida, porque, por mais capaz ou inteligente que alguém seja, a natureza segue seu curso inalterável no qual o "velho precisa dar lugar ao novo".

Da mesma forma, há profissionais que se preocupam em ser sempre as "estrelas do show", fazendo questão de aparecer para a plateia que interessa no momento, e capitalizando os créditos e méritos para si, não importa de quem sejam. Se enxergar uma oportunidade de colocar mais um "brilhante em sua coroa", esse tipo de pessoa não a perderá jamais.

Na crise financeira internacional que abalou o mundo em 2008, apareceram muitos exemplos de executivos que colocaram a ganância e os interesses pessoais à frente de tudo e de todos, deixando um rastro de danos por onde passaram. Foi o caso de Richard Fuld, *chairman* da legendária instituição financeira Lehman Brothers, que, focado em receber seu bônus astronômico (ele chegou a ganhar aproximadamente 500 milhões de dólares entre bônus e salários de 2000 a 2008), promoveu práticas de negócio insensatas e irresponsáveis, o que, além de macular sua longeva carreira à frente da instituição financeira, culminou com nada menos que a declaração de falência da centenária empresa em 15 de setembro de 2008.

Fera 7: A obsolescência

A última fera que relaciono aqui tem nome esquisito, e para muita gente não parece tão assustadora, pois pode até estar travestida "em pele de cordeiro". Entretanto, é tão nociva e prejudicial quanto as outras. Ela vem com aquelas pessoas que querem sempre manter tudo como está, pois acham que se as coisas estão indo bem, não há motivo para mudar. É o monstro que surge quando as coisas (e as pessoas) ficam obsoletas, ultrapassadas, inúteis.

São líderes conservadores que preferem manter o *status quo*, para não perder o controle da situação mesmo nos casos em que as coisas não estão indo bem. Essas pessoas pensam: "Se a situação não é tão boa, pelo menos é conhecida". São os profissionais que, mesmo sabendo que mudanças precisam ser feitas, não querem sair da zona de conforto e, assim sendo, evitam e afastam qualquer sinal de inovação. Existe uma enorme aversão ao novo, às mudanças, às ideias inovadoras, às surpresas, ao inesperado e aos modelos mais recentes de negócios, tecnologias e metodologias de trabalho. Quem age assim tem grande preconceito com qualquer coisa que não seja sua conhecida, pois pode significar a perda das vantagens que possui com a situação vigente.

Profissionais que não se renovam, não se reciclam e acham que o mundo vai aceitá-los do jeito que são, mesmo concorrendo com outras pessoas que acompanham os avanços, estão fadados a ser extintos do universo empresarial.

Esse tipo de comportamento é também muito comum no meio político, em que muitas mudanças urgentes e necessárias não são feitas apenas porque alguém está ganhando algo com as coisas permanecendo do jeito que estão. Gente que se comporta assim causa, na verdade, atraso e estagnação para todos. Isso retarda processos, faz perder oportunidades e prejudica todos os que estão em volta, uma vez que há sempre alguém segurando a âncora embaixo, sem deixar o barco, em que estão todos, deslizar. Quem age assim com sua carreira causa um grande mal a si mesmo, muitas vezes até sem ter consciência disso.

CAPÍTULO **2**

Por que nossos instintos vêm à tona?

Quando as feras mostram dentes e garras no mundo profissional, na verdade estão em ação mecanismos biológicos muito antigos entre os seres vivos na face da Terra. Esses mecanismos sempre estão baseados no conceito da evolução.

Na natureza, de acordo com o que postulou Charles Darwin, tudo está em evolução, e há algumas condições fundamentais dos seres vivos para ela existir:

- *Capacidade de reprodução*: os organismos precisam conseguir se reproduzir ou replicar. Sem essa capacidade, uma espécie está automaticamente condenada à extinção.
- *Possibilidade de variação*: se o organismo que foi reproduzido for sempre exatamente igual ao organismo que o gerou, não existirá evolução.

- *Competição:* os organismos competem pelos recursos disponíveis, para poder sobreviver.

As variações ou mutações genéticas que podem ocorrer quando os seres se reproduzem criam gerações de seres com características mais ou menos adaptadas às condições do ambiente de determinada época. Os mais adaptados terão mais chance de sobreviver e de se reproduzir e, assim sendo, passarão sua informação genética para as próximas gerações. Por isso, os seres competem: para poder sobreviver.

Competir para sobreviver

O instinto de sobrevivência é um dos mais fortes que nós, seres humanos, e que todos os outros seres vivos têm. Ele existe para garantir que cada espécie permaneça viva no planeta o máximo de tempo possível, ou seja, que seus genes sejam passados para as próximas gerações.

Para sobreviver, é necessário competir. E a competição começa mesmo antes de virmos ao mundo. Os espermatozoides competem pelo óvulo, por exemplo. Todos sabemos que crianças competem incessantemente pela atenção dos pais desde bebês. O choro de um recém-nascido pode alcançar 98 decibéis, o equivalente ao ruído de uma britadeira, e isso captura a atenção da mãe, que, para o bebê, não pode ter concorrentes. Se há um primogênito ou primogênita, os filhos seguintes nascem já sabendo que precisam competir com o irmão pela atenção da mãe. Você sabe o que Darwin, Gandhi, Martin Luther King e Thomas Jefferson tinham em comum? Todos possuíam um irmão mais velho, ou seja, tiveram um trabalho "extra" para obter atenção, aprovação e admiração dos pais. Isso pode ter estimulado, desde cedo, esses gênios a ser o que foram para a humanidade.

Na natureza, filhotes de mamíferos disputam as tetas com mais leite. Uma pesquisa feita com porcos mostrou que essa competição resultava em diferenças grandes no tamanho e no peso dos filhotes. Os mais "fortinhos" garantiam a melhor teta e, portanto, cresciam mais. Sabemos que a natureza está repleta de concorrência – seja por alimento, seja por território, seja por fêmeas. A seleção natural não premia necessariamente os mais fortes, mas os mais adaptados ao meio ambiente e, por isso, a competitividade é um instinto tão básico. Entendê-la e usá-la a seu favor é fundamental, portanto, para desenvolver o instinto do sucesso.

O mundo corporativo é um grande palco de concorrências e competições: por mercados, por consumidores, por posições na empresa, por salários... Não há um único minuto no mundo dos negócios em que não haja competição. Para sobreviver profissionalmente, as pessoas competem o tempo todo.

A competição é fundamental não apenas para o sistema capitalista, mas também para o desenvolvimento pessoal e profissional de cada um de nós. Ao comparar nosso desempenho ao de outros, buscamos o caminho do aperfeiçoamento. Aqui chegamos à melhor forma de competição: aquela que ocorre com nós mesmos e nos leva à evolução e à superação permanentes, o que eu chamo de *competitividade positiva*. Com ela, a busca da excelência não conhece limites.

No entanto, em muitas pessoas, o instinto de competição é tão exacerbado que imaginam que é preciso destruir seu competidor, oponente ou concorrente para ganhar e sair vencedoras. Por isso o instinto destrutivo de alguns vem à tona no meio profissional e a concorrência fica antiética e até desleal.

Insatisfação e frustração

Competir é fundamental para o aperfeiçoamento, mas isso também tem suas armadilhas. A primeira delas é a possibilidade de desenvolver uma eterna insatisfação, o que causa um sentimento de frustração que pode ser muito prejudicial. Talvez gente como Michael Jordan, Bill Gates ou

Pelé não tenha esse problema, mas 99,99% das pessoas em algum momento se sentiram frustradas pela comparação.

Em um curso que tive a oportunidade de fazer na prestigiada Harvard Business School, aprendi uma fórmula segundo a qual a satisfação é igual às suas experiências divididas por suas expectativas:

$$\text{SATISFAÇÃO} = \frac{\text{EXPERIÊNCIA}}{\text{EXPECTATIVA}}$$

Quanto maior o valor que você assinalar para suas experiências (o numerador) em relação às suas expectativas (o denominador), mais alta será sua satisfação e vice-versa.

Por exemplo, se você der nota 9 para uma boa experiência que viveu, mas sua expectativa era 10, o resultado vai ser 0,9, um número baixo. Entretanto, se sua experiência foi apenas razoável (nota 5) e sua expectativa era nota 2, o resultado é bem melhor: satisfação de 2,5.

Em nosso imaginário, os milionários são sempre felizes e satisfeitos, mas existe uma piada que diz que quando o bilionário Eike Batista começou a aparecer muito na mídia falando dos seus bilhões e anunciou sua intenção de ser o homem mais rico do mundo, os consultórios de psicólogos ficaram repletos de *milionários* deprimidos...

É preciso saber equilibrar muito bem experiências e expectativas, para não oscilar tanto entre satisfação e frustração.

Nós gostamos de competir

Nosso impulso por competir por recursos é tão profundo, que até inconscientemente nos fascinamos quando ele se manifesta. Gostamos de jogos, competições, torneios, disputas, e tudo o que tenha essa natureza, pois isso exacerba nosso instinto de lutar para sobreviver.

Há uma corrida de touros em Pamplona, na Espanha, na qual são soltos seis touros enfurecidos no meio da multidão. Muita gente se machuca e até morre, mas mesmo sabendo disso, pessoas vão *voluntariamente* competir literalmente com a morte, em algo que elas consideram uma forma de superação. É o que acontece com inúmeros esportes radicais também, como o alpinismo ou o *skydiving*.

A explicação para essa irracionalidade está no nosso cérebro. Sempre que ganhamos uma competição, especialmente se for física, o neurotransmissor dopamina é liberado. Essa é a substância do prazer, a mesma que é liberada durante o orgasmo ou com o consumo de certas drogas.

Da mesma forma, sentimos prazer em *assistir* a competições, mesmo que violentas. A maior parte dos esportes coletivos são simulações de combates. O sofrimento alheio, por incrível que pareça, pode nos dar alívio ou prazer justamente por comparação. Por que isso acontece? Por que na maior parte das piadas alguém é prejudicado? De certa forma, rimos para "comemorar" que aquilo não esteja acontecendo conosco. Inconscientemente, comemoramos o fato de não sermos o estúpido, o gago, o avarento ou qualquer outro personagem de piadas.

Assisti uma vez a um documentário que mostrava um bando de chimpanzés em uma árvore. Quando um deles atirava um pequeno coco na cabeça de outro que estava mais abaixo, os demais chimpanzés faziam uma enorme algazarra, praticamente "gargalhando" com o que aconteceu ao desafortunado.

O mesmo ocorre com as notícias ruins que inundam os jornais diários. É comum dizer que os jornalistas só gostam de más notícias, mas... e o público, gosta de quê? Em jornais populares de qualquer lugar do mundo, os leitores gostam de ver celebridades em situações constrangedoras justamente para se aliviar da própria condição. É como se dissessem: "Eu não tenho dinheiro, tenho uma vida dura, mas em compensação não fui flagrado em um escândalo!".

O "prazer com a desgraça do outro" também está presente no mundo corporativo. Se lançamos um produto no mercado, queremos que ele simplesmente "destrua" a concorrência. É guerra. Se disputamos uma vaga de diretor ou vice-presidente, torcemos secretamente para o concorrente se dar mal (é duro admitir isso, mas essa é a verdade).

Outro dia, conversando com um executivo de uma das grandes empresas multinacionais de *executive search*, mencionei que um de seus concorrentes, uma empresa também multinacional igualmente respeitada e conhecida, possuía uma prática de negócios que eu achava interessante. Imediatamente, ele me disse: "Que empresa é essa? Nunca ouvi falar!". Foi obviamente uma brincadeira, mas que revela esse aspecto da competitividade incessante. Existem também histórias famosas de executivos que trabalhavam para uma empresa de refrigerantes ou cervejas que foram demitidos por terem sido surpreendidos tomando o refrigerante ou a cerveja da marca concorrente.

Ninguém quer perder

Não somos apenas nós, humanos, que privilegiamos o vencedor. A natureza também faz isso. É físico: os perdedores sentem mais dor que os vencedores. Esse curioso fato foi observado por cientistas que compararam a liberação de endorfinas e testosterona em esportistas em situação de vitória e de derrota. Quando você está ganhando, pode até quebrar um braço que esses hormônios não deixam que você sinta a dor excruciante daquela contusão naquele momento.

Ao contrário, se você está perdendo, os hormônios não são liberados e a dor se intensifica. É como se a natureza estivesse, com essa "punição", avisando: "Lembre-se disso para você não perder novamente!". Há outro estímulo para querer sempre vencer: não decepcionar os outros, ou seja, evitar o que os norte-americanos chamam de *lose face* (algo como perder a reputação). A história do *trader* britânico Nick Leeson é um exemplo.

Leeson era um dos melhores funcionários do banco em que trabalhava. Tinha uma "mão de ouro". Fazia operações brilhantes e altamente lucrativas para a empresa e para os clientes. Certa vez, porém, cometeu um erro e fez o banco perder 15 mil dólares, uma quantia irrisória em relação ao que ele já havia gerado para o banco. Mesmo assim, para encobrir esse erro, ele começou a fazer operações cada vez mais arriscadas e sem o conhecimento de seus gestores. O resultado é que, para não decepcionar os acionistas, os colegas, seu chefe ou quem quer que seja com aquela pequena perda, ele acabou gerando um rombo de 1,4 bilhão de dólares!

Leeson acabou preso e, quando um repórter perguntou por que ele havia feito isso, declarou que não queria perder a imagem que as pessoas tinham dele, de um vencedor infalível. Não conseguia mais raciocinar, não dormia, não tinha freios. "Nada era mais importante que continuar competindo para não perder aquele dinheiro", ele afirmou na época. Apesar de parecer algo absurdo, isso é genuinamente humano.

CAPÍTULO 3

Quando o medo paralisa

Nossa vida é gerida pelo medo. O medo é um instinto que nos acompanha desde que nascemos e, independentemente da nossa vontade, interfere na vida profissional e pessoal de todos nós. É um instinto básico, ancestral e muito útil para a sobrevivência dos indivíduos de qualquer espécie.

Um animal sem medo não tem a menor chance de sobreviver. Basta imaginar uma zebra se alimentando calmamente. Ao menor som estranho, cheiro ameaçador ou percepção de um arbusto se mexendo, seu corpo se retesa, inunda-se de adrenalina e... "pernas pra que te quero!". Agora imagine se, em vez do medo, a zebra tivesse curiosidade e fosse em direção ao arbusto para saber o que estava se mexendo. Faria isso uma única e última vez!

Mesmo grandes predadores, como tigres e leões, têm medo. O fogo, os trovões, os caçadores humanos – há inúmeros elementos que ameaçam a vida desses animais poderosos.

A raiz da insegurança

Embora não estejamos mais no tempo das cavernas, nem nas selvas ou nas savanas, o mundo corporativo e a vida moderna nos proporcionam medos de todos os tipos. Não importa que você esteja no topo da carreira ou sua empresa seja líder no seu segmento, o fantasma do fracasso está sempre rondando.

A qualquer momento, alguém pode derrubá-lo de sua posição ou algum concorrente, devorar seu mercado. Temos medo de tomar decisões erradas, de apostar em um produto novo, de perder uma grande oportunidade, de arriscar em inovações, de investir em uma nova unidade de negócios... E daí vem a grande insegurança que pode nos devorar e prejudicar.

Afinal, o medo é bom ou ruim? Permita-me a obviedade, mas a resposta é aquela preferida dos consultores: depende! A grande sabedoria é distinguir o medo que paralisa da cautela que nos protege.

Nossa tendência natural é fugir do medo, tentar não senti-lo. Isso é uma ilusão. Afinal, como disse Nelson Mandela, corajoso não é quem não sente medo; é o que faz o que tem de ser feito *mesmo sentindo medo*. Além disso, é sabido que o alpinista que tem mais chances de morrer não é o iniciante, mas justamente o mais experiente, que perdeu o medo.

No meu caso, um dos momentos que mais me aterrorizaram foi, no início do MBA, a primeira aula de finanças em inglês. Eu olhava para o lado e via colegas que haviam estudado engenharia ou economia, anotando tudo com absoluta tranquilidade. Um deles trabalhava em Wall Street, ou seja, eram pessoas que "comiam" números no café da manhã. E eu, um músico, não entendendo rigorosamente *nada* do que estava sendo dito. A barreira não era a língua, pois eu compreendia perfeitamente as palavras; o que me escapava era o significado. Eu não conseguia saber nem o que perguntar!

Ainda me lembro vividamente da onda de pavor que me inundou. O estômago parecia querer sair pela boca, o nó na garganta, o suor frio... era um medo físico. Voltei para casa com o firme propósito de fazer as malas, pedir desculpas à minha esposa pela aventura e junto com ela embarcar de volta ao Brasil no primeiro voo.

Felizmente, ela me acalmou e me "chacoalhou", argumentando que, se eu não estava entendendo, que tratasse de entender. Comecei a ler tudo sobre o assunto, implorei aos colegas que sentassem comigo para explicar os fundamentos de matemática financeira e me ajudar nos exercícios. Posso dizer que meu sucesso se deve bastante à serenidade da minha esposa e à generosidade dos colegas engenheiros e economistas naqueles dias iniciais. O resultado é que completei o MBA com concentração em marketing e *finanças*. Ou seja, não só enfrentei o problema como acabei dominando o assunto.

Ansiedade: o medo do medo

Imagine que você está passeando despreocupado em uma trilha no sítio de um amigo. O dia está perfeito para uma caminhada, nem muito quente nem muito frio, e você está se sentindo muito bem com aquele contato com a natureza. De repente, uma cobra aparece na sua frente. Você congela! Seu coração dispara e você até começa a suar. Todas essas reações físicas acontecem automaticamente.

No fim de semana seguinte, você está repetindo a mesma caminhada. As condições do tempo são parecidas, mas você está bem mais atento para não ser surpreendido como foi da última vez com o visitante inesperado. Qualquer galho caído no chão já faz seus sentidos se aguçarem. Você ouve um barulho no mato e decide que aquilo não está sendo prazeroso. Sente que a qualquer momento uma cobra poderá aparecer novamente. Essa reação é conhecida como ansiedade. Uma antecipação ao medo. Em outras palavras, medo do medo.

Em termos gerais, o medo pode ser definido como uma reação emocional a uma situação que potencialmente pode lhe causar dano iminente. Assim, a cobra que está na minha frente ameaça minha integridade física. A ansiedade também é uma reação emocional a algo que potencialmente pode lhe causar dano, mas a diferença é que a ameaça não está necessariamente presente, mas você está antecipando que ela possa estar presente: uma cobra *pode aparecer* nesse caminho e me atacar.

A diferença entre medo e ansiedade nem sempre é tão clara. O que quero mostrar aqui é que, com as preocupações do mundo moderno, vivemos muitas ocasiões em que, sem saber, ficamos ansiosos ao antecipar acontecimentos negativos. Isso obviamente não é nem saudável nem produtivo para atingir o sucesso em qualquer atividade que você se proponha a desempenhar.

A região no nosso cérebro chamada amígdala conecta o estímulo externo que recebemos de algum perigo a um gatilho de uma lembrança daquele perigo, formando uma espécie de memória de associação. No caso da segunda caminhada, ao vermos algo que lembra uma cobra ou ouvirmos algum barulho que nos remeta àquela situação, esse estímulo ativa a amígdala, exatamente como ocorreu antes, quando realmente nos deparamos com a cobra. Ou seja, passamos a reagir ao perigo, mesmo antes de saber se o perigo está presente ou não.

O instinto do medo é fundamental

O medo, portanto, tem uma função evolutiva importantíssima, pois garante a sobrevivência em relação às ameaças do ambiente. Neurocientistas como Vilayanur Subramanian Ramachandran, autor do livro *Fantasmas no cérebro* (Record, 2002), explicam que o sistema visual foi desenvolvido para, assim que percebemos algo vindo em nossa direção, podermos rapidamente decidir o que fazer com ele. Nos cérebros, dos mais primitivos aos mais evoluídos, a primeira decisão em relação ao objeto é: devo fugir dele, atacá-lo, devorá-lo ou copular com ele?

As duas reações mais urgentes são as de fuga ou luta. É por isso que os animais e os humanos mantêm um banco de dados com imagens mentais que possibilitam, por comparação, identificar se o evento é uma ameaça ou não.

Acontece que muitas vezes, na natureza ou na vida corporativa, a ameaça não é real. A diferença é que, se a zebra viu o arbusto se mexendo e fugiu correndo, ela não perdeu muito se estava enganada, apenas a energia da corrida. É uma decisão que faz sentido, pois, se fosse um predador de verdade e ela não fugisse, perderia a vida.

No mundo dos negócios, porém, o desperdício de tempo e energia com uma ameaça imaginária pode trazer prejuízos enormes. Ameaças imaginárias produzem ansiedade constante, ou seja, antecipação do medo de algo que nem sabemos se existe.

Conheci certa vez um executivo chamado Reinaldo* que tinha "certeza" de que estavam prestes a puxar seu tapete e tomar seu lugar, uma das vice-presidências de uma multinacional. Perguntei no que ele se baseava para dizer aquilo, mas não ouvi nada de muito objetivo. Ele contava que mudavam de assunto quando se aproximava de alguma rodinha de colegas; que o presidente da companhia passou a tratá-lo com mau humor e dedicava muito mais tempo a outro vice-presidente; que um dos seus projetos foi recusado em uma reunião do conselho; e assim por diante.

Quando perguntei o que ele estava fazendo a respeito, o executivo riu, nervosamente: "Ora, já estou começando a enviar currículos! Não vou assistir passivamente a essa armação contra mim. Vou ser mais rápido do que eles". Reinaldo resolveu fugir de um arbusto se mexendo! Entretanto, ao contrário da zebra, que além de uma pequena perda de

---

* Nesta e nas outras histórias contadas neste livro, os nomes das pessoas foram trocados para preservar sua identidade.

energia só teve uma carga extra de adrenalina em sua corrente sanguínea, sua "fuga" poderia ter um impacto muito negativo para ele. Sua ansiedade era tamanha que não passaram por sua cabeça algumas hipóteses completamente plausíveis como:

- Talvez o projeto tenha sido recusado porque não era adequado para aquela situação.
- Talvez o presidente esteja dedicando mais tempo para outra área porque a considera mais problemática e, portanto, precisa de mais atenção.
- Talvez o presidente esteja de mau humor porque está passando por um problema pessoal.
- Talvez o que se comente nas rodinhas seja justamente o próprio comportamento alterado do presidente e, sabendo que eu me reporto a ele, param de falar quando me aproximo.

Se ele analisasse com frieza cada item da sua "lista", poderia planejar uma solução efetiva para cada situação ou simplesmente eliminar algumas delas que só existiam na sua cabeça.

A partir de meras suspeitas, Reinaldo acabaria tomando uma atitude que tornaria as ameaças imaginárias prejuízos reais. Felizmente, nesse caso, Reinaldo conseguiu controlar sua ansiedade e, após uma conversa com o presidente da empresa, descobriu que estava simplesmente sendo paranoico. O fato é que nosso cérebro não distingue uma ameaça imaginária de uma real.

Nas primeiras projeções de cinema, um pouco antes do século XX, quando a sétima arte ainda era uma curiosidade de circos e feiras, gente da plateia simplesmente saía correndo ou se escondia embaixo das cadeiras, em pânico, quando via na tela a imagem de um trem indo na direção da câmera. Quando a cena era de um caubói atirando, acreditem se quiser, pessoas do público sacavam seus revólveres e atiravam de volta, contra a tela!

Isso tudo em um momento em que as imagens ainda eram em preto e branco e com péssima ilusão de movimento. Hoje, com a sofisticação tecnológica dos efeitos especiais, é ainda mais fácil provocar medo "de verdade" com cenas de cinema. Sob o comando do cérebro, os níveis de adrenalina, noradrenalina e dezenas de outros hormônios se alteram, produzindo a sensação de pavor.

Mesmo quando não vemos nada com os olhos, o cérebro também reage. O neurocientista Vilayanur S. Ramachandran, da Universidade da Califórnia, demonstra que, quando se tem fome, basta imaginar um prato de comida, ativando o sistema visual "interno", para começar a salivar. Contudo, como você não está vendo o prato de comida com a retina, sabe que ele não existe. A informação visual prevalece e, graças a isso, você vai procurar comida de verdade; caso contrário, morreria de fome. Algumas pessoas, entretanto, têm problemas físicos no sistema visual e a imaginação prevalece: ocorre aí uma alucinação.

O tema central do filme *Matrix* é que as máquinas haviam criado um mundo que não existia e que tudo o que as pessoas viam ou sentiam era uma grande ilusão. Em uma das cenas clássicas do filme, Cypher está em um restaurante com o agente Smith e, enquanto corta um pedaço de carne e o leva a boca, diz: "Eu sei que este pedaço de carne não existe... eu sei que quando eu o colocar na minha boca a 'Matrix' me fará sentir que ele é suculento e delicioso... após nove anos, sabe o que descobri? Que a ignorância é uma bênção!".

A ignorância pode ser uma bênção nessa fala do roteiro de *Matrix*, mas, no mundo corporativo e do sucesso nos negócios, quase nunca é uma boa estratégia. Da mesma forma que ameaças imaginárias são prejudiciais, otimismo ilusório também pode levar ao fracasso.

Quero ainda mencionar um fator derivado do medo que cria ansiedade no mundo dos negócios: as pendências. O medo de tomar decisões e de agir nos faz postergar, adiar e fazer aparecer inúmeras pendências a ser resolvidas. São aquelas situações que atravessam os meses e nunca se resolvem. Nesse caso, a melhor saída é, em primeiro lugar, observar se dependem de você ou não. Se não dependerem, a única forma de lidar com elas é... *não* lidar com elas. Contrariando alguns manuais de liderança, minha experiência ensina que agir com uma "atitude budista", ou seja, com desapego, pode ser a melhor estratégia para certos tipos de problema, por mais angustiantes que pareçam.

Capítulo 4

Por que a agressividade aflora no mundo profissional?

Você deve se lembrar da última vez em que teve vontade de voar no pescoço de alguém e apertá-lo com toda a força. Pode ter sido seu chefe, seu subordinado, seu cônjuge, seu colega, um vizinho ou mesmo alguém no trânsito.

Talvez você nunca tenha tido vontade de fazer isso (o que duvido um pouco), mas saiba que reações agressivas e irracionais fazem parte do nosso DNA. Quando conseguimos nos controlar, isso acontece porque, ao contrário dos animais, nós, humanos, temos dois atributos muito especiais: temos uma parte do cérebro especializada em pensar antes de agir e também somos formados por nosso ambiente e pela educação que recebemos.

Essa parte do cérebro se chama neocórtex pré-frontal e fica bem atrás da sua testa. É a parte do cérebro mais recente no mundo animal, em termos evolutivos, e nos humanos representa uma porcentagem muito maior do cérebro do que em qualquer outro animal. É onde são processadas as funções superiores da mente, como o raciocínio abstrato, a linguagem e, sobretudo, o autocontrole – pela razão – das emoções e dos instintos.

A origem do nosso lado agressivo

No mundo profissional e dos negócios, a agressividade fora de controle é quase sempre um desastre, pois é sinônimo de perdas. Líderes perdem colaboradores excelentes para a concorrência apenas porque têm acessos de fúria. Profissionais perdem o emprego e a chance de crescer por atitudes impensadas. Vendedores perdem bons negócios. No entanto, durante um acesso de raiva, ninguém pensa nisso. Parece que somos invadidos por uma onda que toma conta de nós e devasta tudo. Deixamos de pensar em consequências ou prejuízos, para as pessoas ou para nossa própria imagem.

Apesar de ainda ser um assunto muito controverso, estudos mostram que nascemos com tendências agressivas e aprendemos a controlar essa agressividade com a socialização e isso, por consequência, muda a fisiologia do nosso cérebro.

Percebeu-se, em crianças pequenas que frequentavam escolinhas e eram educadas para dividir seus brinquedos e ser cordiais com as outras crianças, que a parte do cérebro que controla nossos impulsos, o neocórtex pré-frontal, desenvolvia um número maior de sinapses, conectando-o de maneira mais completa com as outras regiões do cérebro, o que ajudava as crianças a ter mais autocontrole. Pessoas que sofrem lesões no cérebro, especificamente na parte do neocórtex pré-frontal, perdem essa habilidade.

A ciência chegou à conclusão, portanto, de que justamente a parte mais evoluída do cérebro humano, o neocórtex pré-frontal, é o "equipamento" que usamos para controlar, entre outros impulsos, nossa agressividade. Curiosamente, porém, esse equipamento nem sempre funciona direito. Pode até ser a região mais sofisticada do cérebro, mas não necessariamente está sempre no comando.

Por que, afinal, temos reações agressivas e irracionais? Não poderíamos viver em um mundo apenas de paz e amor? Peço desculpas aos idealistas do movimento *hippie* nos anos 1960, mas, ao longo da história da vida no planeta, um mundo de paz e amor teria sido inviável para a sobrevivência das espécies, especialmente a nossa, que fisicamente é muito frágil.

Imagine que você viva no Paleolítico, esteja na frente de sua caverna e apareça um tigre-dentes-de-sabre faminto, querendo devorar seus filhos. Felizmente, você já domina a técnica de fazer fogo e tem uma tocha nas mãos. O que fazer? Elaborar um plano de paz e convidar o tigre para sentar e negociar? Ou atacá-lo furiosamente, apontando-lhe a tocha, aos berros?

Você sabe aonde quero chegar: sem a agressividade, o ser humano não teria sobrevivido e você não estaria lendo este livro agora. Ela é uma das manifestações do instinto de preservação. Como todos os nossos instintos primitivos, a agressividade era fundamental para nos manter vivos, pois pelo aumento da pressão sanguínea, do aceleramento do batimento cardíaco e dos níveis de adrenalina e noradrenalina causados por essa sensação, ficávamos mais alertas para combater um invasor ou nos defender de um predador.

Nossos três cérebros

A agressividade é tão importante para a preservação das espécies que é bem antiga no mundo animal. Surgiu com o aparecimento dos répteis (cobras, lagartos, jacarés etc.). Prova disso é que o mecanismo que controla sua manifestação está na parte mais antiga e primitiva de nosso cérebro, parte essa que é semelhante ao cérebro dos répteis. E continua lá até hoje, no cérebro dos mamíferos e, por consequência, dos seres humanos.

Os cientistas concordam que temos não um, mas "três" cérebros:

- O cérebro reptiliano, que é parte mais primitiva, similar à dos répteis, responsável por instintos como a agressividade ou os impulsos sexuais.
- O cérebro do antigo mamífero, ou sistema límbico, responsável pelas emoções.
- O cérebro do novo mamífero, ou neocórtex, responsável pela parte racional e intelectual.

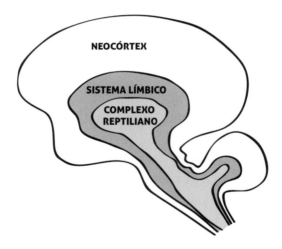

Segundo Daniel Goleman, autor do livro *Inteligência emocional* (Objetiva, 1996), há ocasiões em que a parte reptiliana toma conta de tudo, como se promovesse um "sequestro" emocional. É nesse momento que nos tornamos irracionais e não conseguimos ver mais nada de forma sensata. O autocontrole, afirma ele, é um dos pilares da inteligência emocional.

Em geral, nossa sociedade coíbe a raiva porque pode levar a comportamentos violentos, mas essa emoção pode ser uma grande aliada para termos mais motivação para ousar e realizar, desde que saibamos canalizar esse sentimento de maneira adequada. Na minha experiência de mudança de carreira, sentia raiva de todas aquelas pessoas que foram, digamos, "não muito profissionais" comigo. Essa raiva me impulsionava a seguir buscando meus objetivos com muito mais determinação.

Na série de TV *O aprendiz*, houve um episódio exemplar sobre autocontrole. Nessa série, o então apresentador do programa, o empresário Roberto Justus, promovia uma competição entre participantes que disputavam uma vaga em suas empresas. Em todos os episódios alguém era "demitido" e saía da competição. As regras são simples e livremente aceitas pelos participantes, mas, nesse episódio, algo saiu do *script*: um dos participantes, antecipando sua provável demissão, teve uma atitude completamente inusitada. Tomou a palavra fora do momento que lhe cabia falar e disse: "Roberto, eu me considero presidente da minha vida e você, como CEO, está demitido da minha vida!".

A câmera enquadrou a expressão e os olhos do apresentador que, com um meio sorriso, tentava disfarçar a reação de cólera perante a arrogância e a audácia descabida do participante. Contudo, bastava observar o vídeo com mais atenção para perceber claramente o instinto agressivo querendo se apossar dele.

Entretanto, em uma perfeita demonstração de autocontrole, o experiente empresário esperou pacientemente o participante acabar de falar e aí, sim, respondeu àquela provocação com muita firmeza, porém de maneira clara, objetiva e sempre atento aos fatos. Explicou serenamente e com todos os detalhes que o participante fez tudo errado e que, pelo seu desempenho profissional na competição e pela falta de respeito às regras do programa, ele não tinha moral para demitir ninguém.

Conseguiu, portanto, "arrasar" com o rapaz equivocado, mas com absoluta calma, neutralizando qualquer bate-boca. Quem assistiu ao episódio notou que a vontade do apresentador era claramente ter mandado o participante para "aquele lugar", mas, se tivesse feito isso, teria perdido a "batalha".

CAPÍTULO 5

Precisamos nos proteger

Por que é tão difícil receber críticas? Seja na vida pessoal seja na profissional, nada é tão desconfortável quanto ser criticado. E por que será que algumas pessoas são arrogantes, a ponto de não ouvir e considerar o que se diz a elas?

Porque sentimos os *feedbacks* negativos ou mesmo as "críticas construtivas" como uma invasão do nosso espaço e temos uma reação instintiva de nos defender ou proteger. Não importa se a crítica é justa ou injusta, baseada em fatos objetivos ou apenas em impressões. Do ponto de vista do nosso "homem das cavernas interior", não existe crítica construtiva. O que existe é invasão de território, ou seja, alguém que ultrapassou aquele limite que colocava sua segurança em perigo e por isso deve ser rechaçado imediatamente.

Poderia ser diferente. Poderíamos reagir a críticas de forma racional, mas, você há de concordar, isso simplesmente não acontece. O motivo é que, sempre que recebemos uma crítica, somos movidos por um instinto gravado na nossa espécie: o instinto da proteção, que se traduz em territorialidade.

Os limites da nossa defesa

Na pré-história humana e no mundo animal, demarcar e defender o território sempre foi uma questão de sobrevivência. A territorialidade garante aos animais que, naquele espaço, o alimento lhes pertence e suas crias estão seguras; portanto, aquele espaço não pode, em nenhuma hipótese, ser invadido.

É um instinto de posse e de proteção: posse dos recursos naturais e proteção da família ou do bando contra ataques de outros indivíduos. Para defender o território, muitas estratégias evoluíram, seja por meio de barreiras físicas, como as colmeias e os formigueiros, seja por sinalização, como no caso dos mamíferos, que urinam ou deixam odores nos limites do território para "avisar" o invasor que aquele espaço é deles.

Quando os humanos deixaram de ser coletores e caçadores e começaram a desenvolver a agricultura, a importância do território ficou ainda maior. Podemos dizer que a agricultura, que produzia excedentes de alimentos que precisavam ser estocados e guardados, deu início à propriedade, tanto familiar quanto coletiva.

Se pensarmos bem, não há grande diferença entre o território demarcado por um bando de leões e as fronteiras de um país. Na verdade há: a defesa de fronteiras pode causar muito mais guerras e devastação do que a defesa de um território nas savanas...

Não importa qual a maneira utilizada para delimitar um território, se houver invasão, a resposta é sempre a mesma: defendê-lo com unhas, dentes e, no nosso caso, bombas e mísseis!

O que nos diferencia dos animais e dos homens das cavernas é que o território não é mais apenas uma delimitação espacial. É também pessoal e profissional. Você já deve ter ouvido alguém reclamar de um amigo ou colega que estava "invadindo o espaço" da pessoa quando fez determinado comentário. Entre namorados, é muito comum ouvir queixas do tipo: "minha namorada não quer que eu viaje mais sozinho com os meus amigos, isso é uma invasão do meu espaço!". Ou: "ele não quer que eu converse mais com o meu amigo, acho isso um absurdo. Uma invasão total do meu espaço".

A arrogância que tenta proteger

Aquela noção de que é necessário separar o pessoal do profissional quando se faz uma crítica é bonita em teoria, mas na prática raramente funciona. Imagine que um colega seu fale algo assim: "Você é uma pessoa muito agradável, mas seu trabalho é insatisfatório, não tem qualidade. Resumindo, você é incompetente no que faz". Teoricamente, essa foi uma crítica ao seu lado profissional, correto? Ou não foi? O fato é que, em tese, foi uma crítica profissional, mas não é possível separar de maneira tão clara o que é profissional do que é pessoal. O que acaba acontecendo é nos sentirmos invadidos como se houvesse um intruso tentando penetrar em nosso território.

Essa é uma das raízes do comportamento arrogante que atrapalha tanto o ambiente de trabalho. Com sua arrogância, a pessoa não está fazendo nada além de proteger seu território, de se defender de possíveis ataques ou críticas. Com sua postura antipática, presunçosa e superior, ela trata de afastar antecipadamente qualquer um que pense em se aventurar em seu caminho, e avançar no que é seu.

A pessoa que está sempre criticando os outros é alguém que chama atenção para os defeitos alheios para que os seus fiquem menos evidentes. Essa também é uma atitude defensiva e protetora. Quando trabalhei nos Estados Unidos, tive um chefe que era um verdadeiro "demônio". Vou chamá-lo aqui de Marco. Sempre mal-humorado, Marco via defeito em tudo que eu ou mesmo outros colegas apresentávamos. Não importava quão preparado você estivesse para uma reunião ou para apresentar um projeto, ele sempre procurava algum detalhe para "pegar" você. Tanto na forma quanto no conteúdo, os *feedbacks* eram sempre muito negativos. Com o tempo, isso foi minando minha autoestima e eu já começava a questionar se eu realmente era competente. Por seis meses, aquelas interações e *feedbacks* sempre muito negativos foram me consumindo a um ponto em que eu já não sabia mais quem eu era.

Eu estava perdido. Era algo até paradoxal, porque eu havia enfrentado tantos desafios aparentemente muito maiores para chegar àquela posição e, de repente, um "simples" chefe estava literalmente acabando comigo. Lembro-me de que comecei a achar que as minhas vitórias até então haviam sido por acaso e que, na verdade, eu era uma "farsa".

Racionalmente, isso não fazia sentido, até porque quem havia me contratado tinha sido a vice-presidente da divisão, a quem tive a oportunidade de apresentar diversos projetos antes da chegada de Marco, trabalhos sempre elogiados por ela. Contudo, como temos visto ao longo deste livro, nem sempre a racionalidade vence nossos instintos ou emoções. O instinto da agressividade também estava muito aflorado, mas felizmente meu neocórtex pré-frontal ainda funcionava razoavelmente bem, impedindo-me de seguir aquele ímpeto mais primitivo. Confesso que muitas vezes tive vontade de realmente agredi-lo. Até tive um pesadelo em que eu saía da empresa escoltado pelos seguranças e as manchetes do jornal diziam: "jovem executivo brasileiro não resiste à pressão do estilo norte-americano de gestão e ataca seu supervisor.". Ainda bem que não passou de um pesadelo!

Todavia, em um caso clássico de evolução darwiniana – adapte-se ou desapareça –, comecei a mudar minha maneira de ver as coisas e aí, sim, usei meu instinto de proteção para "rechaçar o invasor". Em vez de deixá-lo me "invadir" com seu *feedback* sempre negativo, comecei a usar seu próprio estilo para argumentar com ele. Cada vez que ele me fazia uma pergunta, eu devolvia com outras. Sempre de maneira *educada*, comecei a "atacá-lo" apontando suas possíveis falhas.

Por exemplo, quando ele dizia: "Renato, a linha 446 dessa análise financeira deveria estar antes da linha 339; você está me fazendo perder tempo analisando dessa maneira" (não estou exagerando no nível de detalhes). Eu respondia: "Entendi, Marco, vou arrumar agora mesmo, mas peço que seja mais claro em suas futuras instruções, porque assim nem você nem eu perdemos tempo".

Ou então, quando ele criticava: "Renato, seu desenvolvimento está muito lento, o nível dos projetos que entrega não está satisfatório", minha resposta era: "Entendi, Marco, mas, com minhas experiências e com o *feedback* de gestores anteriores, sempre fui elogiado pela minha capacidade de aprender rápido. Talvez seu modelo de gestão não esteja permitindo que eu me desenvolva satisfatoriamente; você já pensou em procurar a ajuda de um *coach* para refletir sobre isso?".

Bem, como você deve imaginar, meu relacionamento profissional com ele continuou péssimo, mas pelo menos agora eu estava "defendendo meu território". Esse tipo de ambiente não é nada agradável, mas a partir do momento em que decidi que Marco não afetaria mais minha autoestima com seus comentários sempre negativos, pude "sobreviver" naquele ambiente e, após seis meses, tive a oportunidade de ir trabalhar em outra divisão da empresa. Foi um alívio!

Quanto ao Marco, ele ainda permaneceu alguns anos na empresa, sendo inclusive promovido para dirigir um dos escritórios internacionais, porém, não ficou muito tempo por lá. A última notícia que tive a respeito dele é que havia sido demitido! Se você acha que fiquei contente em saber disso, enganou-se. Fiquei *extremamente* contente! Piadas à parte, em retrospecto, o convívio com aquela situação ajudou a me transformar em um executivo mais completo, pois realmente a questão "adapte-se ou morra" me "forçou" a desenvolver características que foram importantes para meu desenvolvimento geral. Mesmo assim... adorei saber que ele foi demitido!

Subserviência, o viés do instinto de defesa

A questão de querer agradar a todos, o oposto da arrogância, também é um reflexo do instinto de defesa ou de proteção. A pessoa precisa se sentir aceita e respeitada e, em vez de se impor como o "alfa" do bando, ela assume uma postura mansa e cordial, esperando ser protegida pelos membros mais fortes do grupo. A pessoa faz isso, em geral, oferecendo favores e benefícios a quem ela percebe que pode protegê-la, em troca de aceitação e defesa.

Entretanto, isso poderia parecer contraditório, uma vez que a tendência natural dos instintos seria competir e não proteger. Seria egoísmo, e não altruísmo, mas há uma boa base biológica que justifica esse comportamento, comum nas relações sociais e profissionais humanas, que algumas pessoas adotam ao ser as "boazinhas" e prestativas, procurando sempre agradar.

Embora a teoria da evolução proposta por Darwin seja considerada irrefutável por muitos cientistas e intelectuais, na década de 1960 alguns estudiosos começaram a questionar a existência desse comportamento que aparentemente contradizia a teoria: o altruísmo. O conceito de que animais e seres humanos colaboram com outros da sua espécie sem esperar retribuição, ou seja, apresentam comportamento altruísta, em algumas situações até mesmo arriscando a própria vida para salvar outros, é aparentemente um paradoxo diante da teoria da evolução.

A genial descoberta de Darwin determina que, por meio do processo de seleção natural, as qualidades genéticas que se provam vantajosas para a sobrevivência e a reprodução são passadas para as próximas gerações, e as qualidades que dificultam a sobrevivência e a reprodução não são selecionadas.

De acordo com esse raciocínio, arriscar a vida por outro não deveria ser uma característica a ser transmitida para outras gerações. No entanto, esse instinto existe e é sempre observado, especialmente em humanos. Por quê?

Em 1964, o biólogo britânico William Hamilton encontrou uma solução para esse aparente impasse. Ele escreveu um artigo no qual dizia que a evolução favorecia o altruísmo entre organismos que tinham algum grau de parentesco, porque esses passavam os próprios genes para as outras gerações e, portanto, o altruísmo nesses casos estava alinhado com a teoria evolucionária.

Por exemplo, se uma mãe arrisca a própria vida para proteger os filhos, apesar de ela potencialmente morrer, seus genes passarão para as próximas gerações através dos seus filhos, pois eles possuem 50% dos genes da mãe. Essa teoria ficou conhecida como a Regra da Seleção de Parentesco de Hamilton. Em 1976, o biólogo evolucionista Richard Dawkins popularizou ainda mais essa e outras teorias sobre a evolução em seu famoso livro *O gene egoísta* (Companhia das Letras, 2007).

E quando pessoas que não possuem grau de parentesco mostram o mesmo tipo de comportamento?

Em 1971, o biólogo evolucionista norte-americano Robert Trivers escreveu um artigo intitulado "A evolução do altruísmo recíproco", que explica esse comportamento. Se uma pessoa se depara com outra que está morrendo afogada, na maioria das vezes arriscará a própria vida para salvar a pessoa que está se afogando, mesmo que não tenha nenhum parentesco com ela. Ela faz isso porque, mesmo inconscientemente, espera que algum dia a pessoa possa fazer o mesmo por ela.

Essa é a base da teoria do altruísmo recíproco: o comportamento em que um ser temporariamente beneficia outro ser à sua própria custa, com a expectativa de que o outro aja da mesma maneira em uma ocasião futura. Esse comportamento aumenta as chances de sobrevivência e de reprodução dos organismos envolvidos e, portanto, é um comportamento perfeitamente alinhado com o processo de seleção natural proveniente da teoria da evolução.

Assim, as qualidades genéticas que se provam vantajosas para a sobrevivência e a reprodução, nesse caso, o altruísmo recíproco, são transmitidas para as próximas gerações. Aqueles indivíduos que não retornam os favores acabam sendo "discriminados" e, portanto, um dos pressupostos do altruísmo recíproco é que exista alguma maneira de identificação entre os indivíduos.

Um exemplo clássico desse comportamento entre os animais é o caso dos morcegos-vampiros. Por terem um metabolismo muito acelerado, esses animais morrem se ficarem 48 horas sem se alimentar. Como suas caçadas noturnas nem sempre são bem-sucedidas, muitos deles morreriam se os que conseguiram achar uma presa não lhe dessem parte do sangue que obtiveram. Eles fazem isso regurgitando parte do sangue ingerido e passando literalmente boca a boca para os outros membros do grupo que não conseguiram o sangue.

A clássica situação imaginária usada no estudo da Teoria dos Jogos conhecida como "dilema do prisioneiro" nos ajuda a compreender melhor a existência do altruísmo recíproco no processo evolutivo.

Imagine a seguinte situação: dois indivíduos que estão sendo acusados de um crime são interrogados separadamente. A polícia não tem provas para condená-los por esse crime, mas tem provas suficientes para poder detê-los por pelo menos três meses. Para tentar coagi-los a um delatar o outro, e assim condená-los a uma pena maior, a polícia oferece o seguinte acordo: se delatar seu parceiro, você sai em liberdade e ele será condenado a dez anos de prisão. Se ele delatar você e você não falar nada, ele sai livre e você será condenado a dez anos. Se os dois se delatarem, cada um será condenado a cinco anos. Qual é a escolha lógica?

O melhor resultado seria que os dois ficassem calados, ou seja, cooperassem, pois ficar preso por três meses é muito melhor que correr o risco de ficar preso por cinco ou dez anos. Contudo, como cada prisioneiro tem um incentivo para delatar o outro e sair livre, normalmente ambos são levados à traição e acabam presos por cinco anos.

Esse dilema ilustra que o conceito do altruísmo recíproco seria a estratégia que mais ajudaria na "preservação da espécie" e, portanto, faz sentido que integre nossos instintos primitivos.

Um exemplo no mundo dos humanos que comprova a existência de comportamento altruísta na pré-história pode ser verificado no fóssil de uma mandíbula humana com mais de 200 mil anos, encontrado no sul da França. Essa mandíbula estava sem alguns dentes o que, na época, significaria morte certa para a pessoa. Entretanto, essa pessoa não morreu dessa causa, pois existiam vestígios de preenchimento ósseo dessas cavidades que estavam sem dentes, o que só poderia ter ocorrido meses após a pessoa ter perdido os dentes. Portanto, alguém mastigava a comida para ela poder comer.

Voltando ao caso de altruísmo entre seres com parentesco, isso pode chegar ao grau máximo de realmente sacrificar a vida pelo parente. Um caso, entre tantos outros, verídico é o da mãe que salvou o filho do ataque de um leão da montanha no Canadá e que, depois de ter lutado por mais de duas horas com o animal, acabou falecendo no hospital por causa dos ferimentos. Seu irmão relatou que ela ainda conseguiu resistir por algumas horas e que partiu instantes após ele ter lhe contado que o filho dela estava passando bem e ia sobreviver. Foi como se ela tivesse cumprido sua missão de protegê-lo e assegurar que seus genes estavam salvos.

TOMA LÁ, DÁ CÁ

Para investigar o "dilema do prisioneiro" mais a fundo, o cientista social Robert Axelrod, da Universidade de Michigan, Estados Unidos, promoveu, em 1980, um torneio em que os participantes apresentariam programas de computador que representavam os prisioneiros. Os vários programas seriam confrontados aos pares e cada um deles teria apenas duas opções: trair ou cooperar.

Havia um detalhe, porém: em vez de jogar uma única vez, cada par de programas jogaria um contra o outro 200 vezes seguidas. Note que, em um "dilema do prisioneiro", o melhor para cada jogador é trair enquanto o oponente coopera. O pior para cada jogador é ele cooperar enquanto o outro trai.

Alguns dos programas participantes jogavam com estratégias muito complexas. No entanto, o vencedor, para surpresa geral, foi uma estratégia muito simples chamada *tit for tat*, que, em tradução livre, seria algo como "toma lá, da cá". A estratégia *tit for tat* – ou TFT – era expressa em um programa muito simples com um código escrito em apenas quatro linhas. Sempre começava cooperando e depois fazia exatamente o que o oponente tivesse feito no lance anterior: traía, se tivesse sido traído, e cooperava, caso tivesse obtido cooperação.

Em abril de 2011, eu mesmo tive uma experiência com esse instinto de proteção altruísta. Nada tão dramático, mas bem assustador. Eu estava atravessando uma rua perto de onde moro com minha filha Isabela no colo, que na época tinha 7 anos. Minha esposa, Dani, estava logo atrás com nossa outra filha, Mariana que estava com 2 anos, quando, de repente, um barulho bem alto de madeira quebrando rompeu o silêncio da manhã.

Em uma fração de segundos, olhei para o alto e vi que um galho enorme de uma árvore havia se partido com o vento e estava caindo em nossa direção. Agindo puramente por instinto, como estava com os braços ocupados segurando a Isabela, eu a apertei bem agarrada ao meu corpo e a protegi colocando meu próprio rosto como escudo (nosso rosto definitivamente não é um bom escudo!).

O resultado foi que quebrei meu nariz e dois ossos da face, mas a Isabela só teve uma leve escoriação nas costas. A verdade é que se a parte mais pesada do galho tivesse atingido meu rosto, eu não estaria escrevendo estas linhas agora, mas, naquele momento, o instinto de proteger minha "cria" falou mais alto do que tudo.

Querer ser amado e agradar a todos nem sempre é bom

A tendência que temos, a partir desse instinto, é querer ser aceitos protegidos e defendidos nos grupos, e também proteger e ser reconhecidos e recompensados por isso pelo maior número de pessoas. Contudo, nem sempre isso é bom.

Quando você assume um cargo de liderança ou lidera algo mesmo sem assumir um cargo formal, o comportamento do altruísmo recíproco, aliado a esse desejo que todos temos de "ser amados", pode levá-lo a tomar decisões equivocadas.

Se você tiver de tomar uma decisão difícil, que aparentemente possa prejudicar alguém, além do seu senso moral e do seu desejo de ser amado, seu instinto de defesa expresso no altruísmo recíproco também entrará nessa equação e isso tudo poderá levá-lo a se enganar nas escolhas. Sem que você perceba racionalmente, seu instinto pode estar lhe dizendo: "Não demita esse funcionário porque amanhã você pode precisar dele". Decisões influenciadas por esse sentimento podem ser desastrosas e não fazem jus à essência da liderança.

A verdadeira liderança pressupõe escolhas difíceis, que nem sempre vão agradar a todos. Jack Welch, CEO da GE de 1981 a 2001, tornou famoso um modelo de gestão de pessoas chamado de "ranqueamento forçado". Basicamente os funcionários eram ranqueados de acordo com sua atuação e os 10% com pior desempenho eram frequentemente desligados da empresa. Ou seja, em termos mais simplistas, todo ano, Jack Welch demitia 10% dos funcionários da GE.

Isso pode parecer algo inescrupuloso e até maldoso, razão pela qual Jack Welch foi muito criticado na época, mas a verdade é que muitos argumentam que essa prática também foi um dos fatores que manteve a GE uma empresa tão competitiva por tantos anos e que consagrou a longeva e tão bem-sucedida gestão de Welch.

Quando lhe perguntavam se ele não achava que essa estratégia desrespeitava os funcionários, ele respondia que era exatamente o oposto. Seu argumento era que essas pessoas que estavam apresentando baixo desempenho teriam a chance de se tornar funcionários muito melhores em outras empresas, pois mantê-los naquela situação não contribuía nem com a GE nem com eles.

Claro que muitos vão argumentar que esses funcionários poderiam receber *coaching* ou que aquele baixo desempenho poderia ser algo passageiro. Isso também era levado em conta e existia uma metodologia séria por trás das avaliações. Independentemente de você concordar ou não com essa política de gestão de pessoas, o fato que quero ilustrar aqui é que a liderança pressupõe tomar decisões difíceis e que podem impactar significativamente a vida das pessoas. Portanto, mais uma vez seu neocórtex precisa entender como lidar com seus instintos para que eles sejam usados a seu favor. Isso é condição fundamental para desenvolver o instinto do sucesso.

E o conceito de "líder servidor", que tem sido tão celebrado nos últimos anos? Não seria contrário a essa premissa? Na verdade, não. Ao demitir os funcionários com desempenho mais baixo, Jack Welch estava, sim, servindo a outros milhares de funcionários da GE que manteriam seu emprego porque a empresa continuaria competitiva e financeiramente sólida, além de estar servindo ao seu propósito como CEO, maximizando o retorno do investimento dos acionistas da empresa.

Há muita confusão em relação ao conceito de "liderança servidora". Um líder servidor não é um líder "bonzinho" ou mesmo um herói, mas aquele que coloca os interesses da empresa ou da sua causa e, portanto, dos seus liderados, à frente dos seus interesses pessoais. Infelizmente, como mencionei na parte das feras selvagens do mundo profissional, na crise financeira internacional que abalou o mundo em 2008, muitos CEOs de grandes bancos colocaram seus interesses à frente de tudo e de todos. Ganharam muito dinheiro com bônus astronômicos enquanto estavam destruindo as empresas que lideravam. Esses, claramente, não eram líderes servidores, pois só pensavam em servir a si próprios.

CAPÍTULO 6

Pensar ou agir? Eis a questão

Na pré-história, havia muitas ocasiões em que pensar por um segundo a mais significava virar o almoço de um tigre-dentes-de-sabre ou ser esmagado por um mamute. Ou então, se o humano fosse o caçador, vacilar poderia fazê-lo perder a presa e ficar sem almoço. Foi por isso que evoluímos com o instinto de reagir rapidamente, ou seja, de agir por impulso: é um recurso fundamental para a sobrevivência, tão fundamental que o mantemos até hoje.

Não temos mais feras rondando nossos filhos, mas ainda enfrentamos situações que exigem reações imediatas e impensadas. Por exemplo, se você está dirigindo e de repente uma criança atravessa a rua correndo, seu cérebro reage impulsivamente e dá os comandos para você frear e desviar. Da mesma maneira, se você for a mãe ou o pai dessa criança, vai se jogar sobre ela para protegê-la, sem pensar nas consequências.

Em esportes coletivos, agir e reagir por impulso também é essencial. Quando, no futebol, o atacante chuta em direção ao gol, nenhum goleiro faz cálculos, ele apenas se atira em direção à bola. Na cobrança de um pênalti, o batedor sabe em que canto chutará, mas o goleiro não. Este terá de "adivinhar" a intenção do atacante e escolher antes um canto para defender, pois a fração de segundos que separa o chute e o gol é insuficiente para o raciocínio.

No mundo profissional, porém, a impulsividade de agir rapidamente pode ter consequências desastrosas como:

- Lançar produtos sem pesquisa de mercado.
- Contratar um profissional porque "foi com a cara" do candidato.
- Comprar equipamentos sem planejamento detalhado.
- Investir em uma nova linha de negócios baseado em *feeling*.
- Estimar avaliações ou orçamentos usando apenas "bom senso".
- Arriscar análises e conclusões sem levar em conta dados concretos da situação.

A intuição pode enganar você

Por que tantos executivos e empresários agem por impulso, mesmo sabendo que às vezes acertam e às vezes erram? Minha experiência mostra que reagir por impulso é uma forma de se livrar do desconforto da dúvida. Conforme a magnitude, a dúvida realmente angustia as pessoas. É melhor livrar-se dela o mais rapidamente possível, mesmo com o risco de tomar uma decisão equivocada.

Temos uma necessidade inerente de ter certeza de tudo. Na verdade, isso é um grande impedimento para nos desenvolvermos porque, a partir do momento em que reconhecemos que não sabemos algo, abrimos uma porta para buscar o conhecimento. O filósofo grego Sócrates dizia: "Só sei que nada sei".

Daniel Kahneman, que, embora seja psicólogo, ganhou o prêmio Nobel de Ciências Econômicas, demonstra que nosso cérebro tem dois sistemas: o primeiro é intuitivo; o segundo, racional. Para entender melhor esse conceito, tente resolver o mais rapidamente possível o seguinte problema:

Um tubo de ensaio tem duas bactérias, que se duplicam a cada minuto. No minuto zero, há duas bactérias, no minuto um há quatro, e assim por diante. Depois de uma hora, o tubo de ensaio está cheio. A pergunta é: em quanto tempo o tubo estará preenchido com bactérias exatamente até a metade?

Seu sistema intuitivo vai responder de pronto: em meia hora. É a resposta que 99% das pessoas dão, e é uma resposta completamente errada! A resposta correta é 59 minutos (pois as bactérias dobram a cada minuto, então no minuto 59 a quantidade de bactérias estava preenchendo metade do tubo e, quando elas dobraram, no minuto seguinte, completaram o tubo) e só é dada depois de o sistema racional entrar em cena.

Outro problema, este proposto por Kahneman:

Um taco e uma bola de beisebol custam juntos R$ 1,10 e sabemos que o taco custa R$ 1,00 a mais do que a bola. Qual é o preço de cada um?

A resposta intuitiva é: o taco custa R$ 1,00 e a bola custa R$ 0,10. Novamente errado, pois, nesse caso, o taco custaria R$ 0,90 a mais do que a bola! É preciso que o cérebro racional faça as contas direito para chegar à resposta certa: o taco custa R$ 1,05 e a bola, R$ 0,05.

Usar a intuição, portanto, pode parecer útil, mas frequentemente é enganoso. A intuição é uma espécie de "atalho" no pensamento racional. Quando acerta, nos economiza um bocado de tempo e é excelente para estabelecer hipóteses e exercitar a criatividade. No entanto, deve ser sempre testada e verificada por parâmetros racionais.

A decisão de pensar ou agir

Como saber o momento de usar um ou outro sistema? O ideal é o equilíbrio.

Conheci um jovem empresário, Júlio, que herdou uma pequena rede de lojas de presentes. Havia uma gerente que estava havia anos na empresa, mas Júlio a considerava uma pessoa antipática e antissocial. Abaixo dela trabalhava uma vendedora alegre, expansiva e comunicativa. Júlio, agindo impulsivamente, não teve dúvida: assim que assumiu a administração dos negócios, demitiu a gerente e promoveu a vendedora. Meses depois, ele começou a perceber que alguns números não estavam batendo na contabilidade e, após uma investigação mais criteriosa, descobriu que a nova gerente estava desviando dinheiro! Teve de demiti-la e, no final, ficou com um enorme prejuízo e sem nenhuma gerente.

Paradoxalmente, a intuição pode ser ainda mais danosa quando acerta. Se o executivo toma uma decisão por impulso e tem bons resultados, muitas vezes é tomado pela sensação de que tem algum tipo especial de talento e, portanto, tende a repetir a experiência em outras situações baseado no sucesso da primeira.

Em julho de 1994, quando foi implantado o Plano Real, o simples fim da inflação provocou uma onda de consumo nunca vista antes no Brasil. Quem tinha produtos prontos para lançar no segundo semestre daquele ano realmente se deu muito bem.

Um desses empresários – vamos chamá-lo de Paulo – era fabricante de roupas. Ele lançou uma linha justamente nessa época e ganhou bastante dinheiro. Paulo não atribuiu seu sucesso ao momento econômico, mas sim à própria "intuição". Isso fez com que tomasse dinheiro nos bancos e duplicasse a fábrica, investindo em equipamentos, marketing e pessoal. Como era sócio majoritário da empresa, ele simplesmente ignorava as opiniões dos outros sócios e mesmo de seus executivos, que aconselhavam mais prudência. Considerava esse tipo de apelo à razão como conservadorismo, covardia e até mesmo uma forma de sabotagem.

Dois anos depois, com o mercado retraído, a empresa teve de assumir mais dívidas para poder continuar a operação. Se um produto novo não vendia bem, Paulo apelava de novo para a sua "intuição mágica" e lançava outro, na esperança de que o novo cobrisse o prejuízo do velho. Fazia isso sucessivamente, sempre acreditando no seu *feeling*. Não havia quem tirasse seu pé do acelerador, mesmo com as planilhas deixando claro que o endividamento estava sufocando a empresa.

A solução racional seria fazer um *downsizing* na empresa, ou seja, diminuir drasticamente a operação e consequentemente cortar custos. Nenhum empreendedor gosta de reduzir seus negócios, vendendo máquinas, demitindo pessoas e tirando produtos de linha. Contudo, às vezes, é necessário "jogar carga ao mar para o barco continuar navegando".

Para manter os produtos rentáveis vivos, é preciso matar os que dão prejuízo e drenam o oxigênio da empresa. Às vezes, é até necessário parar de fornecer para certos clientes que acabam custando mais para a empresa do que gerando receitas. Só é possível entender isso quando se faz uma análise detalhada da rentabilidade de cada cliente. Isso só é possível com raciocínio e não com *feeling*.

Todavia, Paulo não pensava assim. Houve um momento em que ainda era possível reduzir a empresa (pois o *downsizing* também gera muitos custos). Em uma reunião bastante tensa com os sócios e com um consultor financeiro, foi demonstrado que a hora era aquela; se ele insistisse em lançar produtos, o risco de quebra era enorme e não haveria dinheiro nem para cobrir os custos das demissões.

Em dado momento, Paulo se irritou e disse: "Não vou deixar vocês matarem meu negócio. Construí esta empresa com muito suor e principalmente com o meu *feeling*, e é assim que vai continuar. Reunião encerrada".

Como sabemos, bancos não costumam receber nem em suor nem em *feeling*. Preferem receber em moeda corrente ou em bens tangíveis. Três anos depois, a empresa de Paulo faliu, pois não havia mais tempo nem dinheiro para consertar o desastre.

Como fazer, então, para saber se uma decisão é correta ou não? No mundo dos negócios, é impossível ter 100% de certeza, mas é possível saber se uma decisão, mesmo que baseada na intuição, foi testada pela razão.

A razão que controla a emoção

A necessidade de tomar uma decisão rápida, utilizando o cérebro reptiliano, como descrevi anteriormente, explica nossa tendência instintiva de reagir por vezes precipitadamente diante da qualquer estímulo que poderia significar perigo. Contudo, temos a área do pensamento racional no cérebro. Por que parece que por vezes ela não funciona?

A certeza de que o neocórtex pré-frontal era o responsável pelo controle das emoções e dos impulsos foi comprovada pela ciência por um episódio muito especial da Neurologia que ficou conhecido como o caso Phineas Gage.

Em 13 de setembro de 1848, nos Estados Unidos, o operário de uma companhia de estradas de ferro vivia um dia comum de trabalho, dinamitando rochas. Gage era um bom funcionário e companheiro, conhecido por sua calma, simpatia, cordialidade e bom humor. Em casa também mantinha uma relação amorosa com a família. Naquela tarde, porém, algo terrível ocorreu. Ao compactar a pólvora em um orifício na pedra, com um bastão, o explosivo foi detonado e a peça de metal veio de volta, transpassando seu olho esquerdo como uma lança e saindo pelo alto da cabeça. No meio do caminho estava seu neocórtex pré-frontal, mais precisamente uma parte do cérebro chamada de lobo frontal esquerdo, cuja função até então era desconhecida.

Gage foi socorrido, operado e sobreviveu ao acidente. Embora um pedaço daquela parte do cérebro tenha sido destruído, suas funções básicas não foram afetadas: continuava falando, andando, ouvindo e pensando. Tudo indicava que ele havia se recuperado sem sequelas daquele horrível acidente. Entretanto, algo estava diferente: seu comportamento havia mudado radicalmente. De afável, passou a ser ríspido com as pessoas; de educado, passou a falar palavrões onde quer que estivesse; além disso, não conseguia mais concluir nenhuma tarefa, pois ficava testando infinitamente hipóteses antes de terminar um simples cálculo.

Em razão do acidente, o neocórtex pré-frontal de Gage perdeu a sua tão importante função de controlar emoções e instintos como o da agressividade. Infelizmente, sua história não teve um final feliz. Ele acabou perdendo o emprego, a família e terminou seus dias fazendo exibições em circo, onde mostrava pateticamente seu ferimento. O caso Phineas Gage foi estudado por muitos neurologistas e revisto de forma magistral, recentemente, pelo neurocientista António R. Damásio. A conclusão de Damásio, descrita em seu livro *O erro de Descartes* (Companhia das Letras, 2012), foi a seguinte: a razão é responsável por controlar as emoções, mas também é afetada por elas.

Segundo Damásio, razão e emoção estão de tal forma interconectadas em nosso cérebro que não é possível isolar uma da outra. Se é verdade que a razão controla a emoção, também as emoções ajudam a razão a não "perder tempo" com hipóteses desnecessárias em um raciocínio. Por exemplo, se você está dirigindo um carro e uma pessoa aparece em seu caminho, seu cérebro elimina (ou nem considera) a absurda hipótese de passar por cima dela só porque seria mais "racional" ganhar tempo com isso. Nesse caso, existe um "bloqueio" de natureza emocional, e não puramente racional.

Damásio chamou esses bloqueadores de "marcadores emocionais", que funcionam como "avisos" de que determinada alternativa é sabidamente estúpida (ou perigosa) e que é melhor nem considerá-la. No caso de Gage, ele perdeu essa conexão entre razão e emoção. Depois do acidente, já alocado no escritório da empresa, quando pediam que fizesse alguma tarefa simples, ele ficava obsessivamente testando todas as variáveis e nunca chegava a lugar nenhum. Phineas Gage não tinha mais controle racional sobre as emoções e tampouco dispunha da ajuda emocional para a razão.

A ciência documentou outros casos tão dramáticos quanto o de Phineas Gage. Em um deles, um homem que era considerado perfeitamente calmo por seus amigos e familiares, depois de ter sofrido um acidente de carro que danificou seu neocórtex pré-frontal, passou a se comportar de maneira tão agressiva que, certa vez, em uma discussão com sua mulher, perdeu o controle e a matou a facadas.

Mesmo sem sofrer nenhum acidente, existem situações que podem nos causar sintomas parecidos ao do caso de Phineas Gage. O estado mais documentado é a falta de sono que temporariamente diminui a capacidade do neocórtex pré-frontal de controlar nossos impulsos. Você provavelmente já experimentou o impacto de uma noite mal dormida no seu humor.

Ás vezes, uma simples discussão do dia a dia pode se transformar em uma verdadeira batalha quando alguém está nesse estado. Isso acontece exatamente porque nossa capacidade de controlar o impulso de agir fica muito reduzida quando o neocórtex pré-frontal não está funcionando como deveria.

CAPÍTULO 7

Querendo sempre mais

Como mais uma manifestação do instinto de sobrevivência, temos os instintos naturais de comer e beber para viver. Nosso corpo é programado para ansiar por alimento, e nos sentimos mal quando não comemos ou bebemos: você deve se lembrar da última vez que sentiu fome ou sede e quanto é desagradável não ter como saciar essas necessidades o mais rapidamente possível.

Por outro lado, conhecemos a sensação prazerosa de atender aos nossos sentidos e desejos: como é bom beber quando estamos com sede, comer quando estamos com fome, dormir quando estamos com sono etc.

No passado pré-histórico, com a escassez de alimentos e a dificuldade de encontrá-los, achar comida era uma vitória e significava, de fato, a sobrevivência. Por um período, ter a posse de alimentos era ter poder, e isso levou ao desenvolvimento da agricultura e à luta incessante por terras e à consequente definição de fronteiras dos países.

A história da humanidade, até hoje, é pontuada por guerras em nome da conquista do solo, principalmente fértil, que não significa apenas território ou pontos estratégicos (ou a presença de combustíveis fósseis), mas fontes de água e lugares propícios para cultivar alimentos.

Não há mais escassez, mas continuamos com o ímpeto urgente de ter sempre alimentos por perto, de acumular, de ter mais e mais. Sem entrar nas óbvias complicações advindas do ato de comer demais, temos, certamente, o impulso de querer mais e mais, não apenas comida, mas tudo: dinheiro, poder, objetos, prestígio, *status*, reconhecimento etc.

A ganância e a ambição também têm sua face sombria quando se manifestam no mundo do trabalho. Uma dessas faces é a possibilidade de nos tornarmos verdadeiros escravos do desejo de sempre querer mais.

Escravos da ambição

No livro *Flying without a net* (Voando sem uma rede, sem tradução no Brasil), o professor da Harvard Business School, Thomas DeLong, chama de *high achiever* aquelas pessoas que querem sempre alcançar mais. Ele diz que, apesar de essa característica ser fundamental para atingir a excelência, ela também pode criar muitos problemas, pois essas pessoas acabam colocando o sucesso à frente de tudo, incluindo as pessoas que estão ao redor, e a própria saúde ou a de seus familiares.

Na famosa teoria da hierarquia das necessidades, o psicólogo norte-americano Abraham Maslow organizou as necessidades humanas em níveis hierárquicos, seguindo a forma de uma pirâmide. São cinco posições na escala.

Primeiro, as pessoas suprem suas necessidades fisiológicas, como comer e beber; satisfeitas essas necessidades, partem para a necessidade de segurança, como garantir abrigo e integridade física; depois se voltam para as necessidades sociais, como ser aceitas em grupos sociais; em seguida, buscam estima ou *status*; por fim, buscam autorrealização.

Embora haja controvérsias sobre essa hierarquia de necessidades, o fato é que os *high achievers* parecem inverter a ordem das necessidades, fixando-se no topo da pirâmide de maneira quase obsessiva. A competição desenfreada por sucesso, dinheiro ou poder, em detrimento de outras necessidades, pode ser sinal de que há algo até patológico que precisa ser cuidado.

É preciso entender que esses comportamentos, como ambição e ganância, tiveram sua raiz também em nosso ancestral e imperativo instinto de sobrevivência. Saber lidar com isso e canalizar essa força para grandes realizações é o melhor que se pode fazer com esses comportamentos e é mais um passo importante rumo ao instinto do sucesso.

Estamos predestinados a algo?

Muita gente diz que comportamentos ambiciosos e gananciosos, assim como outros, têm um viés cultural, que dependem de época e de lugar.

Essa é uma discussão secular que já gerou bastante controvérsia (e até hoje ainda gera). A questão é: quanto do nosso comportamento é determinado pela exposição ao ambiente em que crescemos e vivemos e quanto é determinado por nossa herança genética?

A ideia de que os seres humanos desenvolvem todos ou quase todos os seus traços comportamentais de acordo com sua exposição ao ambiente ficou conhecida como *blank slate* ou *tábula rasa*.

Tábula rasa é uma expressão que vem do latim e tem o sentido de "folha de papel em branco". A tradução literal de tábula rasa é "tábua raspada". Aqui a palavra tábula refere-se às tábuas cobertas com fina camada de cera, usadas na antiga Roma, para escrever, fazendo-se incisões sobre a cera com uma espécie de estilete. As incisões podiam ser apagadas, de modo que se pudesse escrever de novo sobre a tábua raspada ou apagada.

Em seu livro *Ensaio sobre o entendimento humano* (1690), o filósofo inglês John Locke (1632-1704) detalhou a tese do *blank slate*, defendendo que as pessoas nascem sem conhecimento nenhum, como se sua mente fosse uma folha completamente em branco e todo o processo do conhecer, do saber e do agir fosse aprendido por meio da experiência. Cem anos depois, o filósofo suíço Jean-Jacques Rousseau, um dos precursores do Iluminismo, declarou sua célebre frase: "O homem nasce bom, a sociedade o corrompe".

No espectro oposto, existem as teorias do inatismo ou determinismo biológico, que defendem a ideia de que os traços da personalidade humana são determinados quase totalmente pelos genes. Usando o bom senso, a maioria das pessoas consegue enxergar que nenhuma dessas teorias isoladas é a explicação para nosso comportamento, mas sim uma mescla das duas. Analisemos esse assunto em mais detalhes.

Em abril de 2003, o projeto de mapear a quantidade de genes existentes nos seres humanos, esforço conhecido como Projeto Genoma Humano, foi considerado finalizado. Na ocasião, o número de genes encontrados foi de aproximadamente 35 mil. Um número muito menor do que se estimava, dada a complexidade de um ser humano. As estimativas giravam em torno de cem mil. Em outubro de 2004, verificou-se que esse número era menor ainda: de 20 mil a 25 mil.

Na época da descoberta desse baixo número de genes, alguns defensores da ideia da tábula rasa usaram isso para dizer que nós realmente somos produtos do ambiente e que, pelo pequeno número de genes existentes, eles não poderiam ter tanta influência em nosso comportamento.

Como Steven Pinker, professor de Harvard e um dos grandes estudiosos do assunto, sugere em seu livro intitulado *Tábula rasa* (Companhia das Letras, 2004) o fato de termos "poucos" genes não tem nada a ver com termos mais ou menos influência genética em nossos comportamentos. Ele elegantemente mostra a incoerência dessa ideia, mencionando a existência de um organismo, o *Caenorhabditis elegans*, que possui entre 18 mil e 20 mil genes. De acordo com a lógica de que quanto menos genes maior a influência do meio, esse organismo deveria ser também muito influenciado pelo meio. Na verdade, porém, esse organismo é um verme microscópico com 959 células e 302 neurônios. Em relação ao seu comportamento, todos esses seres são extremamente similares, pois praticamente só existem dois comportamentos: comer e... se reproduzir.

Indo além, como se explica o fato de que estudos feitos com gêmeos separados no nascimento, criados em ambientes totalmente diferentes, apresentem diversas características comportamentais idênticas? Nesses casos, foram registradas incríveis coincidências: as preferências por um tipo de parceiro, o jeito de se vestir e inclusive inclinações políticas! Por outro lado, deve-se perguntar por que irmãos adotivos criados no mesmo ambiente apresentam características comportamentais tão díspares? Certamente, ainda falta muito para descobrir.

Capítulo 8

O desejo de deixar uma marca

O instinto da reprodução é o motor absoluto da natureza. Podemos dizer que todos os demais instintos convergem para ele. É o mais forte e presente que existe nos seres vivos. Quando falamos em reprodução, obviamente a palavra sexo vem à nossa mente (pelo menos vem à minha...). Acho que não preciso convencer você de que o ímpeto sexual é algo muito forte entre os seres humanos. Veja se você reconhece a corrida descrita a seguir:

> *Eles são muitos, talvez milhões. Todos estão em busca do mesmo objetivo, mas em pouco tempo, restarão apenas os mais rápidos, os mais fortes, os mais persistentes, não mais do que poucas centenas. E quando atingirem o ponto crucial, não haverá espaço para todos. Poucos chegarão ao destino final. Na maior parte das vezes, depois de uma jornada tão curta quanto perigosa, haverá apenas um vencedor. Apenas um alcançará o merecido sucesso.*

Quando são lançados nessa corrida insana, eles ainda estão um tanto entorpecidos e precisam acessar toda sua energia para reconhecer e superar as dificuldades que os aguardam, mas muitos nem sabem que são capazes de superá-las. Quando a jornada começa, eles nem sabem que lá fora o ambiente é hostil, cheio de perigos ocultos, armadilhas e desafios, mas movidos pela necessidade, eles têm de mergulhar no desconhecido e avançar às cegas a uma velocidade vertiginosa, sem controle sobre o meio exterior e sem indicações seguras de que caminho seguir. Só lhes resta confiar totalmente em suas qualidades latentes e seguir seus instintos, agindo com cautela, mas também com coragem, agindo às vezes com impulsividade e agressividade, mas confiando em sua capacidade de autossuperação.

Alguns adversários poderiam se tornar seus companheiros, mas infelizmente nessa jornada não há espaço para camaradagem e seus possíveis "companheiros" serão, na verdade, seus maiores adversários na disputa que vai determinar quem vai ficar para trás, quem vai se perder para sempre na imensidão vazia, quem será derrotado e esquecido, e quem será o grande vencedor.

O tortuoso caminho é dividido em fases e assim que virem a luz, eles terão de acelerar e superar o primeiro obstáculo, que será o ponto final para muitos. Aqueles habilidosos, confiantes e destemidos que superarem a primeira fase não poderão se iludir. Muito ainda lhes será exigido até que o objetivo final seja alcançado. A partir de agora não haverá tempo para testes, dúvidas ou retrocessos. A nenhum deles será dado o direito de errar ou de corrigir suas falhas.

A essa altura, muitos terão se perdido em labirintos, outros terão ficado presos em becos sem saída, terão sido arrastados por forças contrárias ou sucumbido às adversidades. E haverá até aqueles que, graças a um enorme esforço e a muita perseverança, terão percorrido uma grande distância, mas infelizmente no caminho errado. No entanto, não se pode perder um instante lamentando os que ficaram para trás. Afinal, nessa corrida, nunca há vítimas, apenas perdedores ou vencedores.

E você precisa decidir o que quer ser. Para alcançar sua meta, você não poderá ceder ao cansaço e ao desânimo. Será preciso que faça uso de todas as suas potencialidades e de todas as suas habilidades, até mesmo daquelas que ainda não sabe que possui. Terá de recorrer aos seus poderes latentes para percorrer ileso aquele território inóspito e vencer todos os obstáculos.

E então, depois de perseverar, de continuar avançando apesar de todas as dificuldades, depois de superar muitas batalhas, depois de vencer todos os seus adversários, perceberá que está próximo. E finalmente, você terá de se concentrar para romper a barreira final que o separa da vitória. E quando sua jornada terminar, quando tiver se superado e vencido todos os desafios, só então, você poderá começar a viver.

Reconheceu? Essa é a primeira e espetacular manifestação do nosso instinto de reprodução: a corrida dos espermatozoides em direção ao óvulo. Significa que você, leitor, já nasceu vencedor! Aquele espermatozoide e aquele óvulo venceram e aí está você.

O que impulsiona os espermatozoides para a frente, sempre e sempre, em direção à sua meta? Eles não têm cérebro, não têm plano de carreira, não receberão comissões de vendas... são praticamente algumas células agrupadas com uma minúscula cauda. No entanto, possuem uma energia fantástica, uma assertividade e uma reunião de competências que poucas vezes conseguimos reproduzir na vida humana.

Quanto ao óvulo, engana-se quem pensa que ele tem papel apenas passivo. Quando um óvulo está maduro, desencadeia-se no organismo feminino uma sequência de reações igualmente maravilhosas. Um festival de odores, atitudes, gestos, olhares e magnetismo muito sofisticado, com o objetivo de "capturar" o macho "certo".

Se há a corrida frenética dos espermatozoides em direção ao óvulo, é porque a "dona" do óvulo aprovou o "dono" dos espermatozoides para ele cumprir sua função evolutiva.

Pesquisas indicam que, quando estão ovulando, as mulheres exibem mais centímetros quadrados da pele quando vão a uma festa ou outra situação pública... Em outras palavras, também há uma intensa competição entre os óvulos das diferentes "fêmeas de um bando" pelos genes do melhor reprodutor no espaço em questão.

O ímpeto da permanência

A força que nos impulsiona a nos reproduzir, ou seja, de deixarmos nosso DNA mais tempo no mundo, é brutal e irresistível. Em 2006, uma pesquisa feita nos Estados Unidos mostrou que, a cada 39 minutos, é criado um vídeo de sexo explícito na internet. Em 2012, de acordo com o site www.gizmodo.com, o site XVideos recebeu uma média de 4.4 bilhões de visualizações por mês. Isso é aproximadamente o triplo de acessos a sites globais de grande audiência, como o da CNN, por exemplo.

Obviamente, *você* nunca visitou um desses sites, mas garanto que algum "amigo" seu já visitou. Enfim, o instinto de reprodução é tão forte na natureza que às vezes acaba suplantando o próprio instinto de sobrevivência. No mundo animal, existem alguns casos em que o macho literalmente perde a vida depois de copular. É o caso, por exemplo, do louva-a-deus; nessa espécie, após a copulação, a fêmea devora a cabeça do macho.

Outro caso famoso é o da aranha viúva-negra. O macho quase sempre morre depois da copulação. Nesse caso em particular, a "culpa" não é exatamente da viúva-negra. O que ocorre é que, ao terminar de depositar os espermatozoides na genitália da fêmea, o macho faz uma retirada brusca do seu órgão reprodutor e muitas vezes o quebra nesse movimento. Quando isso ocorre, ele acaba morrendo por perda de fluidos (uma espécie de hemorragia). A viúva-negra, então, simplesmente se alimenta do cadáver do seu parceiro enquanto ele agoniza (e você que achava que sua ex-namorada era insensível...).

Não se sabe exatamente as razões para esse tipo de comportamento batizado de canibalismo sexual, porém, uma das hipóteses para explicar a atitude nada benevolente das fêmeas seria o fato de que, ao comer o macho, ela estaria garantindo uma fonte extra de alimentos para seus ovos fecundados.

Será que também no caso dos seres humanos, o instinto de reprodução – ou mais especificamente o ímpeto sexual – pode ser mais forte do que o próprio instinto de sobrevivência? No filme *Instinto selvagem* (1992), a personagem central é uma bela e sedutora escritora, interpretada por Sharon Stone, que está sendo acusada de ter assassinado seu ex-namorado. O detetive que está investigando o caso, Nick Curran, interpretado por Michael Douglas, mesmo sabendo da possibilidade de que ela realmente seja culpada, não resiste ao seu poder de sedução e acaba se envolvendo com ela. Alguma similaridade com o caso do louva-a-deus?

Entretanto, esse instinto não se manifesta somente por meio do desejo de se reproduzir fisicamente ou praticar o ato sexual. Qual é o maior desejo de um empresário ou executivo? Ver o seu negócio crescer e se multiplicar. Conquistar novos mercados, abrir filiais, expandir por meio de franquias, e assim por diante. Ou seja, nós, como seres humanos, queremos deixar nosso legado e com isso, de certa forma, nos tornar imortais, seja por meio de nossos filhos, de nossos negócios, de nossa carreira ou simplesmente por meio de nossas ações.

O comportamento conservador, que leva à obsolescência, como descrevi quando falei das feras selvagens, talvez tenha aí um aspecto. Querer que sua marca permaneça, seus genes, seu DNA, ou, em outras palavras, seu jeito de ser, pode ser a força do impulso de reprodução se manifestando. Queremos ver nossos frutos no mundo, e não vê-los desaparecer. Querer se apegar ao passado, às tradições, ao estabelecido, também é uma maneira – talvez meio enviesada – de tentar se perpetuar.

Use seus instintos para o sucesso

Afinal, como lidar com nossos instintos? Reprimi-los para tentar conter as feras selvagens que moram dentro de nós não seria uma solução, pois isso é simplesmente impossível. Imagine, por exemplo, tentar reprimir o instinto materno em uma mulher que acaba de dar à luz. Ou a fúria de alguém que defende a própria vida.

Além disso, essa tentativa seria um erro, pois os instintos em si não são bons ou maus. São forças poderosas que não podem nem devem ser eliminadas, mas sim disciplinadas e dirigidas a nosso favor. Você pode usar toda a sua inteligência e força de vontade para canalizar sua energia para algo produtivo e construtivo em sua vida pessoal e, principalmente, profissional.

Isso é possível. O etologista austríaco K. Lorenz, de acordo com suas pesquisas, afirma que o instinto é desencadeado por um estímulo específico e, uma vez que isso acontece, ele se desenvolve automaticamente, não podendo ser modificado por fatores externos. Contudo, o comportamento que podemos ter em resposta a ele pode ser modificado pelo aprendizado, por condições ambientais e, no ser humano, pela influência de processos cognitivos, ou seja, por seu pensamento.

Portanto, você tem uma força a seu dispor para ser usada. A seguir, descreverei, passo a passo, como desenvolver o instinto do sucesso, *ou seja*, como conviver de forma produtiva com cada um desses impulsos para torná-los aliados inestimáveis que alavancarão sua vida profissional e seus negócios.

CAPÍTULO 9

Transforme seu instinto de sobrevivência em competitividade positiva

*"Não há nada de nobre em ser superior ao seu companheiro.
A verdadeira nobreza é ser superior a seu antigo eu."*

Ernest Hemingway

Sem o instinto da sobrevivência e, consequentemente, o impulso de competir para viver, não há vida, sociedade nem economia. Por isso, ele pode ser usado como grande motor para nosso desenvolvimento pessoal e profissional se for visto como sinônimo do que eu chamo de *competitividade positiva*, e não de destruição.

Enxergue sua vida e seu trabalho como luta pela sobrevivência, mas não acredite que alguém tem de perder para você ganhar. Não precisa haver destruição, e pode haver o tão falado (mas pouco praticado) ganha-ganha. O que você precisa fazer é aumentar suas chances de vencer tornando-se mais competitivo.

Para ser competitivo, você precisa preparar-se e treinar as competências que poderão fazer você ganhar as disputas que acontecerão. Você precisa praticar muito antes de tornar-se realmente bom em algo. No livro *Metamanagement* (Campus, 2004), Fredy Kofman observa que 99% do tempo que é dedicado aos esportes ou à música são usados para a prática, enquanto 1% é passado na execução, como um concerto ou em uma competição.

Há uma história que ilustra esse ponto. Um homem estava perdido na rua procurando o endereço da maior casa de espetáculos da cidade, que se chamava Sala do Sucesso. Ele estava atrasado para um concerto que ia assistir naquela noite. Avistou um violinista que estava tocando na rua para ganhar alguns trocados e perguntou a ele: "Por favor, como faço para chegar até a Sala do Sucesso?". O músico olhou para ele, deu uma pausa e disse: "Meu amigo, só com muita, muita preparação!".

Eu, como músico, vivi isso na pele. Eram horas e horas diárias de prática para poder me apresentar em um concerto de apenas uma hora. Infelizmente, o que vemos nas empresas é o contrário: "executa-se" o tempo todo, mas se pratica muito pouco, o que torna o rendimento muito inferior ao potencial.

Prepare-se para ser o melhor

Entenda: você só poderá evoluir e buscar a excelência se estiver realmente preparado. Não há mágica que modifique essa realidade. No entanto, não basta apenas se dedicar, estudar, frequentar *workshops* ou treinamentos. É preciso se preparar de uma forma muito mais ampla e integral. Um bom roteiro pode ser adotar o esquema de quatro passos proposto pelo célebre autor Stephen Covey:

- *To live* (viver), que significa preparar seu corpo com exercícios físicos, alimentação adequada e respeito ao sono.
- *To love* (amar), que significa cuidar das emoções e cultivar relacionamentos saudáveis com seus amigos e familiares, suprimindo relações tóxicas e destrutivas.

- *To learn* (aprender), que significa cuidar do plano mental e do conhecimento.
- *To leave a legacy* (deixar um legado), que tem um significado mais profundo, até espiritual, algo que transcende seu corpo e suas emoções e posiciona seu propósito maior de vida.

Um sobrevivente do holocausto nazista, o psiquiatra austríaco Viktor Frankl, observou que, nos campos de concentração, quem tinha um propósito e uma razão de viver tinha mais chances de sair de lá com vida. Já aqueles que haviam perdido as esperanças eram os primeiros a morrer. Todos esses aspectos fazem parte da preparação. Competição não é só para os fortes, mas, sobretudo, para os mais sábios. Por isso, prepare-se!

Nunca pense que é impossível

Na ampliação da sua competitividade, fatalmente você pode tender a fazer comparações com seus concorrentes. No entanto, elas podem ter um efeito perverso, pois você pode se desencorajar, deixar-se intimidar ou se sentir inferior, e isso vai paralisá-lo.

Se você tem um objetivo audacioso, como, por exemplo, participar de uma missão espacial pela NASA, e se comparar a outras pessoas, pode se desencorajar ao saber que nenhum brasileiro conseguiu ainda atingir essa façanha.

A saída é nunca achar que algo é impossível. Há certas competições olímpicas cujo recorde não era superado ao longo de décadas, mas que, uma vez quebrado, desencadeou novas quebras consecutivas em um curto período de tempo. Como se o simples fato de saber que aquilo era possível estimulasse outros esportistas a se dedicar mais para também conquistar aquela façanha.

Minha transformação de músico brasileiro em executivo de uma grande multinacional nos Estados Unidos também pode ser considerada um exemplo disso. Na época, não conhecia nenhum caso parecido, mas não deixei esse fato me desestimular. Anos depois, curiosamente, soube que o ex-presidente do Banco Central norte-americano, o ícone da economia mundial, Alan Greenspan, também fora músico! Sim, Greenspan era clarinetista e chegou a tocar em bandas profissionalmente. Porém, graças à sua facilidade com números, começou a fazer o imposto de renda dos amigos músicos e, posteriormente, decidiu mudar de carreira. Foi estudar economia e acabou ocupando um dos cargos mais importantes do planeta.

Se pensarmos que a competição é difícil demais, o "isso é impossível" vai prevalecer, e casos como o de Marcos Pontes, o primeiro astronauta brasileiro a embarcar em uma missão no espaço, jamais teriam ocorrido. Da mesma maneira, brasileiros não seriam donos da maior empresa do ramo de proteína animal do mundo, ou não teriam a maior cervejaria do mundo. Os irmãos Batista da JBS-Friboi e o trio de empresários Lemann, Sicupira e Telles da AB InBev acreditaram que era possível, ignoraram os parâmetros em vigor e foram em frente.

Quando, aos 29 anos, participei de um processo seletivo pela Warner Bros. nos Estados Unidos para um programa de desenvolvimento de líderes, não me perguntei se algum brasileiro já tinha sido agraciado com essa oportunidade. Simplesmente fui e me dediquei ao máximo para conseguir a posição. Resultado? Fui um dos quatro profissionais escolhidos. Fiquei ao lado de jovens executivos vindos dos melhores MBAs do mundo, como Harvard, Wharton e Kellogg.

É claro que não serei demagogo a ponto de dizer que não me importo em competir com os outros. Afinal, você começa a ver seu sucesso de maneira mais tangível quando começa a se comparar. Quando meu primeiro livro saiu da gráfica, senti enorme satisfação, mas queria obviamente que ele entrasse nas listas dos mais vendidos. Entrou. Então, eu queria que ele subisse no *ranking*. Subiu! Aí eu queria que ele permanecesse no *ranking*, e assim por diante. Procuro, porém, manter tudo isso em perspectiva, lembrando sempre de que o mais importante é "competir comigo mesmo", ou seja, buscar a excelência para produzir trabalhos cada vez melhores, independentemente do que os outros estejam fazendo ou de qualquer *ranking*. Isso é competitividade positiva.

Pare de procrastinar

Procrastinar tem um significado muito simples: adiar, postergar, protelar. Ou ainda, mais popularmente, procrastinar é sinônimo de "enrolar":

- Semana que vem começo minha dieta.
- Quando passar o inverno eu me matricularei em uma academia.
- Depois do almoço eu dou uma olhada naquele projeto do trabalho.
- Ano que vem começo a estudar inglês.

Essas frases lhe parecem familiares? Talvez você nunca tenha usado uma delas, mas com certeza deve conhecer alguém que já usou. Isso é procrastinar. Se você quer ser competitivo no mundo corporativo e dos negócios terá de eliminar esse verbo do seu vocabulário. Veja quatro estratégias para ajudá-lo nisso.

A primeira é focar o resultado final, em vez de prestar atenção na ação em si, que em geral está sendo protelada por ser aborrecida ou desagradável. Visualizando claramente o resultado da ação (por exemplo, você falando inglês em uma reunião de negócios ou recebendo um elogio do seu gestor por uma tarefa bem realizada), você diminui as barreiras para iniciar a tarefa.

A segunda é entender a "lei do menor esforço" e usá-la a seu favor. Você já deve ter ouvido dizer que quanto mais "cliques" uma pessoa tiver de fazer para comprar algo em um site, menor a chance de essa pessoa efetivamente comprar o produto. Por isso, uma importante estratégia de conversão de vendas na internet é diminuir ao máximo o número de cliques.

Algo que se tornou comum nos sites de *e-commerce* é o "Compre com 1 Clique", em que, literalmente, basta um botão para encomendar o produto. Por uma questão de eficiência energética, nosso cérebro tem uma tendência a seguir a "lei do menor esforço", ou seja, um clique causa menor dispêndio de energia do que dois cliques e obviamente não fazer nada causa ainda menos gasto de energia.

Por exemplo, se você quer desenvolver o hábito de ler à noite em vez de assistir à televisão, experimente esconder seu controle remoto e colocar um livro que você queira ler no lugar onde o controle costumava ficar. Talvez nos primeiros dias você se levante do sofá e vá ligar a televisão, mas logo a "lei do menor esforço" vencerá e você pegará o livro em vez de se levantar para ligar a televisão.

A terceira é priorizar, aplicando o "Princípio de Pareto". Em 1895, Vilfredo Pareto, um economista italiano, percebeu que 80% da riqueza de seu país era gerada por 20% da população e praticamente todas as atividades econômicas seguiam esse padrão. Indo além, esse princípio existe também em nossas atividades, ou seja, em geral, 20% delas representam 80% do resultado.

Uma das desculpas favoritas dos procrastinadores é dizer que estão muito ocupados e por isso ainda não conseguiram "arrumar tempo" para fazer aquele curso de inglês ou revisar aquele projeto importante. Realmente, com a atual quantidade de tarefas do dia a dia, fica difícil começar novos projetos, principalmente se vão demandar bastante energia e esforço. Usando o Princípio de Pareto, minimize o tempo que você passa em atividades menos relevantes (essas você pode postergar) e dedique sua energia às ações que realmente vão causar impacto. Todo mundo eventualmente posterga alguma atividade em algum momento; o que faz a diferença entre sucesso ou fracasso é exatamente quais atividades você escolhe para postergar.

A quarta estratégia é não arranjar desculpas. Se você esperar o cenário ideal para começar algo, simplesmente nunca agirá. A academia poderia abrir mais cedo, sua internet poderia ser mais rápida, você poderia ter uma verba maior de marketing ou uma equipe de vendas mais experiente, e assim por diante. Siga sempre a seguinte filosofia: faça o que você pode – com o que você tem – onde você estiver.

Desenvolva a resiliência

Em meu livro *A estratégia do olho de tigre* (Gente, 2011), abordo o tema da resiliência, mas aqui quero aprofundar mais esse aspecto. É importante desenvolver resiliência para aumentar sua competitividade.

Resiliência é aquele termo emprestado da Física de materiais para o mundo corporativo. Na Física, é a capacidade de um material voltar a sua condição original depois de sofrer qualquer tipo de deformação. No mundo dos negócios... bem, não vou entediar você com definições porque, no fundo, o que significa realmente é a habilidade de "engolir sapos"!

Para desenvolver a resiliência, a primeira atitude é ver o lado positivo das coisas, por mais que lhe pareçam desfavoráveis. Por exemplo, minha esposa fez exames de rotina e descobriu que estava com o nível de glicose muito elevado, beirando o diabetes. A médica recomendou remédios, controle da alimentação, exercícios... Dani encarou a notícia como uma excelente oportunidade para conseguir o que toda mulher quer: perder peso e ficar ainda mais bonita!

A segunda atitude é aceitar aquilo que não pode ser mudado e não perder tempo e energia lamentando esse fato. Você não recebeu um aumento, não foi promovido, foi demitido, perdeu um cliente importante... Cada segundo que você gasta se lamentando é um segundo a menos que você poderia dedicar a conquistar outro cliente ou buscar outro emprego. Jennifer Aniston, a eterna Rachel da série de televisão *Friends*, ao comentar sua separação do ator Brad Pitt, disse algo assim: "Na minha vida, eu me dou um dia para me sentir como vítima após passar por algum sofrimento ou decepção. Depois desse dia sentindo pena de mim e me achando vítima, levanto no dia seguinte e novamente assumo o controle da minha vida". Essa é a ideia.

A terceira é abandonar a zona de conforto. É algo que precisa ser treinado: pratique exercícios que nunca fez, viaje para lugares que não conhece, converse com pessoas com quem nunca falou. Se você nunca fez uma ligação de venda, faça e tente vender algo. A importância de sair da zona de conforto é o aprendizado que essas experiências nos proporcionam para lidar com situações inesperadas. Saber lidar com o desconforto é adquirir a confiança de que você vai voltar a ser o que era. Isso é resiliência.

Há um vídeo interessante sobre liderança que circulou na internet e que mostra um homem em um parque público que começa a dançar de um jeito estranho, mexendo as mãos e o corpo de maneira inusitada. De repente, alguém se aproxima e começa a imitá-lo, de brincadeira. Mais um, mais outro e em cinco minutos há uma multidão seguindo a dança.

O primeiro homem, por incrível que pareça, deu um exemplo claro de liderança porque, em alguns minutos, tinha centenas de "seguidores" naquele parque. Ele só conseguiu isso porque saiu da sua zona de conforto e se expôs ao que poderia ser considerado um ato ridículo ou maluco.

A quarta é aprender a engolir sapos! O célebre escritor norte-americano Mark Twain disse: "Se a primeira coisa que você fizer todas as manhãs for comer um sapo vivo, você poderá seguir o dia com a satisfação de saber que provavelmente nada será pior do que aquilo". É ilusão achar que alguém que chegou ao topo de uma corporação ou se tornou um grande empresário não engoliu sapos. Como fazer isso? Comece pelas pernas e deixe a cabeça por último!

Agora, o mais importante: aprenda a separar o que é importante, ou seja, aquilo que realmente tem ressonância na sua missão de vida, do que é apenas uma dificuldade temporária. Quando você entende claramente o propósito dos seus objetivos, sua verdadeira missão de vida, os obstáculos que aparecem no decorrer da sua trajetória, por maior que sejam, tornam-se simplesmente etapas a ser vencidas para alcançar algo maior.

A resiliência, porém, não é uma atitude passiva ou conformista. Em uma competição, mais que saber receber golpes, ser resiliente é saber recuperar-se deles. E aí, então, partir para a ação. Como diria o velho samba de Paulo Vanzolini:

Reconhece a queda
E não desanima
Levanta, sacode a poeira
E dá a volta por cima!

CAPÍTULO **10**

Converta insegurança e ansiedade em planejamento e resultado

*"Não tenha medo dos seus medos. Eles não estão aí para assustar você.
Eles estão aí para lhe mostrar que algo vale a pena."*

C. JoyBell C.

Use o medo a seu favor

Livrar-se do medo não é possível nem desejável. Ele acontecerá automaticamente, é um instinto. No tempo das cavernas, não era possível evitá-lo, e continua não sendo na vida moderna.

Por isso, eis uma das ideias mais importantes que gostaria que você considerasse: em vez de combater o medo com a coragem, ou de se sentir inseguro e ansioso, trate de transformá-lo em planejamento e resultado.

É comum ouvir dizer que o medo é nosso pior inimigo. Todavia, não basta, como recomenda Lao-Tsé, manter o inimigo por perto. É preciso mantê-lo sob controle e em algumas vezes agir como se faz no jiu-jítsu: usar a força do oponente contra ele mesmo. Só assim o medo se tornará seu melhor aliado.

Já senti (e ainda sinto) muito medo na vida, e quem diz que não sentiu está mentindo. Quando pensei em mudar de carreira, de músico para executivo, o medo foi enorme. A essa altura, havia dedicado muitos anos e energia à primeira atividade. Entrar em um território completamente desconhecido e tão diferente era algo ameaçador; seria como se jogássemos um tigre, que reina no seu ambiente natural, ao mar. O plano era bastante ambicioso, pois, além de mudar de atividade, decidi que mudaria também de país e iria para os Estados Unidos fazer um MBA.

A primeira reação foi de paralisação. O medo me "aconselhava" a ficar onde eu estava, mesmo que insatisfeito. A não trocar algo conhecido (mesmo que me causasse insatisfação) por um desconhecido perigoso. Havia, porém, um medo maior: o de não conseguir conquistar o que eu almejava. Foi esse sentimento que me impulsionou a vencer os novos desafios.

O que fiz com essa dualidade? Transformei o medo em planejamento e resultado. Estudei inglês febrilmente, preparei-me para o ingresso no MBA nos Estados Unidos, juntei dinheiro, sempre com a valorosa e inigualável companhia da minha namorada na época, que foi corajosa o bastante para mergulhar de cabeça comigo nessa aventura e cometer um ato de coragem (ou loucura) ainda maior: casar-se comigo! E cheguei lá.

Por isso, talvez o passo mais importante seja: use o medo como seu aliado para melhorar. Como músico, às vezes eu tinha também medo de subir ao palco e falhar em alguma execução. Graças a esse medo, eu estudava e ensaiava em dobro a música, imaginando o palco, a plateia, as luzes, os outros músicos e tudo o que poderia acontecer. Hoje, preparo minhas palestras com um afinco quase obsessivo. Ensaio, releio, passo os *slides* inúmeras vezes... chego a ficar "pilhado" graças ao medo de não fazer uma boa apresentação.

Indico aqui algumas atitudes para ajudar transformar o medo em um aliado e aproximar você do instinto do sucesso.

Planeje: faça uma lista

Sempre que algo nos amedronta, a estratégia adequada é dimensionar e racionalizar a ameaça. Só assim será possível saber exatamente que tipo de ameaça está à nossa frente e quais seriam as reais consequências dos seus efeitos.

Para isso, a melhor dica é fazer uma lista, com um "mapa" dos perigos. É necessário escrever essa lista e não apenas tê-la na cabeça. Escrever, seja no computador, seja no papel, materializa e eventualmente exorciza fenômenos que ficam como fantasmas soltos na mente, "assombrando" nossas decisões.

Feita a lista, observe cada item com frieza e faça as seguintes perguntas:

- Isso é realmente um problema?
- Posso resolvê-lo?
- O que de pior pode acontecer se isso não for resolvido?

Nesse momento, você vai montar o "pior cenário". Vai verificar, possivelmente, que o "pior cenário" não é tão tenebroso assim. Às vezes, a chegada de um concorrente chinês ao seu mercado só vai obrigá-lo a ser mais criativo ou mais eficiente. Ou, se você for um executivo experiente, a entrada de um profissional mais jovem na empresa só vai estimulá-lo a se atualizar.

De qualquer forma, o simples fato de montar os cenários, automaticamente, já torna tudo mais tangível. Aquele medo instintivo e primitivo – porque normalmente temos medo do desconhecido – será disciplinado, uma vez que você está usando seu lado racional, fazendo com que ele perca a carga emocional e signifique uma ameaça sem solução. A partir do momento em que colocamos isso no papel, a ansiedade diminui e conseguimos lidar melhor com a situação.

Depois disso, em cada item, escreva quantas soluções forem necessárias para resolver cada problema, ou seja, para neutralizar as ameaças. Você vai perceber que a maior parte dos problemas tem mais de uma solução e que todas passam por preparação e planejamento. Para cada item relacionado, busque realizar o exercício das 20 soluções que proponho em meu livro *A estratégia do olho de tigre*.

Foque o presente

O livro *O poder do agora* (Sextante, 2002), do autor alemão Eckhart Tolle, mostra que não existe futuro nem passado, só existe o presente. Esse é um pensamento muito útil para domar o medo. Mesmo se você estiver pensando no passado ou no futuro, esse pensamento está ocorrendo agora. Portanto, a melhor receita de vida é focar o presente.

A técnica que recomendo é prestar atenção aos detalhes do que está fazendo, como se estivesse executando aquela tarefa pela primeira vez. Pode ser ao enviar um e-mail, ao escrever um texto ou ao fazer um exercício físico. Mesmo em tarefas repetidas, esse exercício é válido, pois sempre haverá outro ângulo para observar.

Como tenho filhas pequenas, já devo ter assistido, pelo menos, 75 vezes ao filme *Shrek*. Para "sobreviver" à tarefa de assistir ao mesmo filme inúmeras vezes, tento prestar atenção aos detalhes, achar alguma fala que tinha me escapado ou alguma piada escondida para conseguir "focar o presente".

Imagine seu prato predileto. Quantas vezes você já o comeu? Agora perceba que o prato é o mesmo, mas o prazer é sempre renovado. Com suas atividades também pode ser assim: ao focar o presente, você afasta inimigos imaginários da mente e consegue saborear cada momento.

Seja otimista!

Não, esse não é um velho clichê. É uma recomendação baseada em anos de pesquisas sérias. No livro *Aprenda a ser otimista* (Nova Era, 2005), o renomado psicólogo e pesquisador Martin Seligman apresenta os resultados de 22 anos de pesquisas que conduziu na Universidade da Pensilvânia, e conclui que otimismo é a qualidade mais importante que alguém pode desenvolver para atingir sucesso pessoal e profissional.

Em um caso bem específico, em que Seligman foi contratado para ajudar a resolver os problemas que a grande empresa de seguros MetLife estava tendo com sua equipe de vendas, ele percebeu que os vendedores mais otimistas vendiam em média 37% a mais do que os pessimistas e que os mais otimistas de todos vendiam 88% a mais do que os mais pessimistas. Além disso, os mais otimistas tinham 50% menos de chances de sair da empresa por qualquer motivo.

Em resumo: em uma equipe de vendas, em que sempre há muita e acirrada competição por prêmios e comissões, os otimistas ganham a batalha.

Por isso, em vez de perceber o medo como o precursor de catástrofes iminentes, experimente um olhar diferente. Seja otimista!

Dessensibilize-se

Dessensibilizar-se do que o aflige pode ser um bom caminho. O filme *Batman Begins* conta que Bruce Wayne, quando criança, caiu em um buraco cheio de morcegos, e por isso desenvolveu um grande pavor em relação a esses animais. Já adulto ele entrou em uma caverna cheia de morcegos justamente para enfrentar o medo e neutralizar a sensibilidade negativa. Daí surgiu o cavaleiro mascarado.

No mais recente filme da série, *Batman: o cavaleiro das trevas ressurge*, há uma cena que ilustra muito bem como o medo pode ser um poderoso aliado. Batman está preso em uma caverna que só tem uma saída por cima, uma abertura a uma grande distância do chão. Para sair de lá, era preciso dar um salto perigosíssimo. Pessoas ajudam o herói amarrando nele uma corda para que, se o salto fracassasse, ele pelo menos não morresse graças à corda. Depois de inúmeras tentativas sem sucesso, já quase sem esperanças, um ancião que também estava preso na caverna conversa com ele a respeito da lendária história de uma única pessoa que havia conseguido fugir da caverna e ele, em uma última tentativa, resolve usar o medo a seu favor.

Então, Batman toma uma decisão radical: escala a caverna até o topo novamente, reúne todas as suas forças e salta, mas sem a corda protetora. Se ele caísse, morreria, mas dessa vez ele consegue dar o salto decisivo para ganhar a liberdade. O medo foi uma força propulsora, porque, sem a corda, ele só tinha *aquela* chance.

Claro que estamos falando de um personagem de um filme de Hollywood, mas será que não existem casos parecidos na vida real? Histórias reais como a do início de carreira do ator Sylvester Stallone ilustram algo semelhante. Antes de se tornar um ator famoso, Stallone estava literalmente lutando para sobreviver. Não tinha dinheiro nem para pagar o aluguel e, como ele mesmo conta, chegou a ter de vender o próprio cachorro de estimação para pagar as contas. Ele havia escrito o roteiro do filme *Rocky, o lutador* em que ele estrelaria como o personagem principal, um lutador de boxe inspirado no lendário Roque Marciano.

Contudo, após inúmeras tentativas de vender a ideia para os grandes estúdios, apenas um se interessou, mas a condição para eles produzirem o filme era que ele venderia o roteiro para eles e não faria parte do filme como ator. Mesmo com toda a pressão de precisar de dinheiro imediatamente para não ser despejado de sua casa, Stallone decidiu usar esse medo a seu favor e tomar uma atitude mais radical: decidiu "pular sem a corda"! Ele disse para o estúdio que se não fosse ele que estrelasse como o personagem principal não venderia o *script*. Foi um salto e tanto, mas, como no filme *Batman*, ele saltou para a sua liberdade. O estúdio acabou aceitando sua condição e o filme se tornou um grande sucesso. A partir daí, a carreira de Stallone deslanchou, tornando-o um dos mais bem-sucedidos atores de Hollywood.

Isso me remete a outro filme: *O império contra-ataca*, da série *Guerra nas estrelas*. Na cena, o personagem-guru Yoda diz a Luke Skywalker que ele deve entrar em determinada caverna para enfrentar seus maiores medos. O jovem pergunta: "Mas o que vou encontrar lá?". O mestre responde: "Apenas o que você levar consigo".

De fato, todos os medos estão dentro de você. Portanto, *você* é a única pessoa que pode se livrar deles e dessensibilizar-se. Eu, por exemplo, tenho medo de avião e não de barco ou carro, embora saiba que estatisticamente os carros matam mais do que os aviões (o risco de um acidente de avião é 1 em 14 milhões). Então, entendi o motivo do medo: é porque no carro eu tenho controle (ou penso que tenho), ou estou muito próximo de quem está dirigindo. Nos aviões, não: o controle está em uma cabine fechada e distante.

Em função do meu trabalho como palestrante, viajo muito de avião. Para enfrentar meu medo, sempre procurava sentar o mais próximo possível da cabine do piloto para reproduzir aquela sensação de controle que tenho quando estou em um carro (mesmo que falsa) e, cada vez que ocorria uma turbulência ou algum ruído "estranho", observava a expressão no rosto de alguma das aeromoças para tentar captar alguma reação anormal. Obviamente eu sabia que esses eram simplesmente artifícios, mas me ajudavam. Mais recentemente, como minha agenda de viagens tem se intensificado, tenho usado apenas a técnica de dessensibilizar e "enfrento" as viagens de avião sem nenhum dos artifícios que mencionei anteriormente. Sinto que o medo está cada vez menor.

Um amigo me contou que seu pai, nos anos 1950, viajava muito de avião. Em um desses voos, ele dormia tranquilamente quando começaram as turbulências e foi acordado pelo colega ao lado, apavorado: "Essa coisa vai cair!". Ele abriu os olhos, olhou em volta e disse: "Cai nada!", e voltou a dormir. Ainda não atingi esse ponto de tranquilidade, mas um dia chego lá...

Procure ajuda

Se você sentir que seu medo é totalmente irracional, não descarte a hipótese de pedir ajuda profissional – seja psicológica, seja médica. Medo e ansiedade em demasia podem estar associados à depressão ou a alguma alteração nas substâncias químicas que fazem o cérebro funcionar.

Se o medo for patológico, o médico poderá prescrever medicações, exercícios físicos ou outras atividades para controlá-lo. O importante é saber que disfunções como essas são comuns e não devem ser motivo de vergonha ou constrangimento.

CAPÍTULO 11

Faça sua agressividade se transformar em coragem e motivação

"Não se cogita a repressão total das tendências agressivas do homem: o que podemos tentar é canalizar essas tendências para outra atividade que não seja a guerra."

Sigmund Freud

Quando estamos tomados por acessos de raiva, ira, agressividade ou cólera, e nosso impulso é partir para a violência, o melhor e mais óbvio remédio é usar os artifícios da razão. Afinal, quando estamos agressivos, agimos como uma fera acuada no canto de uma jaula. Mostro aqui um passo a passo para transformar o instinto de preservação, que induz à agressividade, em um poderoso e produtivo instrumento a seu favor.

Primeiro, precisamos nos lembrar de que a adrenalina que inunda nossa corrente sanguínea quando estamos "à beira de um ataque de nervos" é a mesma substância descarregada quando estamos com medo, prestes a fugir. É também o hormônio que invadia meu corpo quando, no início de minha carreira como músico, visitava gravadoras e, mesmo tendo horário marcado, nem era recebido ou, o que era ainda pior, era muitas vezes tratado com desrespeito e desprezo.

Entretanto, a adrenalina também é liberada em situações positivas. Esse hormônio nos faz ter energia extra para correr, ter mais força para fazer exercícios físicos ou vencer uma competição esportiva. O batimento cardíaco acelera, garantindo suprimento rápido de oxigênio e combustível para ser "queimado" nas situações de emergência. A conclusão é que é perfeitamente possível transformar essa energia toda em motivação e coragem. Foi o que fiz: a raiva das pessoas que não me trataram bem foi convertida em combustível para minha decisão de mudança profissional, a ida para os Estados Unidos e o sucesso posterior.

Cada etapa da minha trajetória – mudar de país, aprender a língua, ingressar no MBA, entrar na indústria de entretenimento e me destacar como executivo – era acompanhada de um sentimento de uma espécie de "vingança" contra aquelas pessoas. Uma vingança que não prejudicava ninguém, mas que me fazia produzir coisas boas e, inclusive, ajudar pessoas. Como diz um provérbio basco: "Viver bem é a melhor vingança".

Antes de atacar, pergunte-se: "O que eu ganho com isso?"

Você deve ter passado por muitas situações em que se arrependeu amargamente de ter tomado atitudes agressivas impensadas. Pois, então, faça uma lista e memorize as principais. Lembre-se do momento em que você se descontrolou, as consequências do ato e o trabalho imenso para consertar depois. Pode ser qualquer situação:

- Aquela provocação feita por um colega na escola em que você se descontrolou e que partiu para cima dele em uma briga de socos de verdade, na saída do colégio.
- Aquela ofensa humilhante e gratuita dirigida ao cônjuge, que quase resultou em separação.

Faça sua agressividade se transformar em coragem e motivação   105

- Aquela explosão desnecessária com os filhos à noite, em que você descarregou frustrações do trabalho, que o obrigou a uma sessão de desculpas para fazê-los parar de chorar de tristeza.
- Aquela vez em que você explodiu no escritório e xingou um colega de trabalho.

Ande com essa lista sempre disponível na memória. No mundo corporativo e profissional, preste atenção quando aquela "transformação de Hulk" começar a tomar conta de você. É o momento de usar a lista e colocar seu neocórtex em ação!

A maneira mais rápida de controlar seu "Hulk interior" é fazer a si mesmo a pergunta: "O que eu realmente ganho com isso?". A resposta quase sempre é: nada.

Você ganha mais gritando com seu subordinado ou explicando com clareza o que quer? Colaborando com seu colega ou o expondo ao ridículo? Rasgando seu holerite na frente do chefe ou pedindo uma reunião para discutir seu plano de carreira?

É óbvio que ganha com atitudes produtivas e perde com as destrutivas. Indo além do mundo dos negócios, um dos clássicos da bossa-nova é a canção *Discussão*, composta por Tom Jobim e Newton Mendonça, que termina com o seguinte verso:

> *Você quer ver prevalecer*
> *A opinião sobre a razão*
> *Não pode ser, não pode ser*
> *Pra que trocar o sim por não*
> *Se o resultado é solidão*
> *Em vez de amor, uma saudade*
> *Vai dizer quem tem razão*

Nesse trecho da letra da canção, fica claro que discutir só para "ganhar" a discussão não fará bem a nenhum dos amantes.

A inutilidade de "ganhar" a discussão também é relatada pelo jornalista Caio Tulio Costa, que foi secretário de redação do jornal *Folha de S.Paulo* e diretor-geral do portal UOL. Ele conta que, quando assumiu a direção da *Revista da Folha*, tinha "aulas" semanais de venda com o presidente do grupo, Octavio Frias de Oliveira.

Em uma dessas conversas, Caio se queixava de como havia sido difícil vender determinada página de anúncio, pois o anunciante tinha preconceito com o tipo de papel da revista. Disse que foi árduo convencer o cliente de que o papel não interferia no conceito e no conteúdo da revista. Frias ouviu com atenção e comentou, calmamente: "Você conseguiu vender. Das próximas vezes não será assim fácil porque se continuar querendo vender anúncio e ter razão ao mesmo tempo, não dará certo. Da próxima vez, deixe a razão com o cliente e fique com o dinheiro. Você não pode ficar com as duas coisas".

Respire

Você já deve ter ouvido – ou praticado – aquela expressão: "Respire fundo e conte até dez para se acalmar". Isso vem da sabedoria popular, mas tem um fundamento na ciência, e é realmente uma boa prática para evitar uma atitude agressiva.

Em 2007, um artigo publicado na revista *Science* por pesquisadores da Universidade de Londres demonstrou que quando um indivíduo está sob forte emoção, a atividade cerebral predominante é a do cérebro do antigo mamífero, ou seja, do sistema límbico, responsável, como apresentei antes, pelas emoções. Isso foi mostrado por mapeamentos que exibem um fluxo de sangue maior no local do cérebro mais ativo. Ao respirar, você se acalma e reequilibra a atividade cerebral, fazendo com que a predominância volte para sua parte racional, ou seja, o neocórtex pré-frontal. Dessa maneira, a razão ajuda a domar a fera solta.

Transformando isso em uma técnica efetiva, que aprendi com a doutora Kelly McGonigal, professora da Universidade de Stanford e autora do livro *The willpower instinct* (*O instinto da força de vontade*, inédito no Brasil), pratique o seguinte exercício:

> *Diminua a velocidade da sua respiração para no máximo seis movimentos de inspiração/expiração por minuto – ou seja, um movimento a cada dez segundos. Você precisará praticar um pouco para conseguir realizar essa mudança no padrão de respiração, mas com algumas tentativas logo conseguirá realizar o exercício.*
>
> *Para começar, simplesmente calcule quantos movimentos de inspiração/expiração você faz por minuto. Você pode focar somente a expiração para facilitar a conta.*
>
> *A partir daí, tente reduzir a quantidade para algo que fique confortável e gradativamente diminua para apenas seis movimentos (cada inspiração e expiração juntas contam um movimento).*
>
> *Depois que estiver confortável com os seis movimentos, se puder, reduza ainda mais para apenas quatro movimentos por minuto.*

Diminuir o ritmo da respiração, além de ativar o neocórtex pré-frontal, aumenta a variabilidade do batimento cardíaco, que é algo que também contribui para que o cérebro e o corpo saiam daquele estado de estresse – ataque ou fuga – para um estado mais relaxado.

Note que é importante você praticar esse exercício regularmente para que, quando realmente precisar, consiga acioná-lo rapidamente. Se você deixar para usá-lo somente no momento de estresse, provavelmente não conseguirá fazê-lo com eficiência.

Mude a expressão facial e corporal

Os olhos são o espelho da alma? Certamente, mas talvez você não saiba que a alma *também* é um espelho dos olhos, do rosto e do corpo.

É muito comum ouvirmos falar da linguagem corporal aplicada aos relacionamentos humanos – seja nos negócios, seja na vida pessoal. No entanto, existe há muito tempo uma teoria – chamada de *hipótese do feedback facial* – segundo a qual a linguagem corporal interfere nas emoções e nos pensamentos.

Quem primeiro levantou essa hipótese foi ninguém menos que Charles Darwin, no século XIX. Depois dele, muitos experimentos foram feitos com resultados impressionantes.

Em um deles, um estudo conduzido pelo psicólogo David Havas, foi aplicada a toxina botulínica (o popular botox) no músculo responsável pelo franzimento da testa de um grupo de pacientes. A conclusão foi que, após ter o franzimento da testa bloqueado, frases emocionalmente negativas pereciam menos negativas do que antes. Ou seja, o mundo pareceria menos triste.

Em outro, Daniel Kahneman, autor de *Rápido e devagar: duas formas de pensar* (Objetiva, 2012), relata que um grupo de pessoas ouviu uma série de afirmações em um fone de ouvido balançando a cabeça com o movimento de "não", enquanto outro grupo ouvia as mesmas frases fazendo movimento de "sim". O primeiro grupo percentualmente tendia a discordar das afirmações e o segundo tendia a concordar! É mesmo difícil de crer, mas o fato é que a atitude corporal e física das pessoas pode até fazer com que mudem de opinião.

Outro experimento fez dois grupos de pessoas assistirem a desenhos animados para avaliar quanto eles eram engraçados. Um dos grupos, porém, segurava um lápis com a boca como se fosse um canudo, enquanto o outro segurava o lápis na boca horizontalmente, o que forçava a expressão de um largo sorriso. Consistentemente, quando as pessoas tinham o lápis na boca de maneira horizontal, achavam os desenhos animados mais engraçados.

A explicação é que quando você, por exemplo, fica preocupado, o cérebro "manda" seu rosto fazer certa expressão (franzir a testa, por exemplo). Em seguida, o próprio cérebro recebe de volta a informação: "É verdade, a testa está franzida", o que *reforça* a preocupação. Se a testa não franze, a preocupação não é reforçada e diminui.

No que se refere ao nosso desafio – como controlar a agressividade – ocorre o mesmo. São conhecidos os sinais corporais da raiva: os punhos se fecham; os músculos se contraem; os pelos ficam eriçados; as sobrancelhas e as mandíbulas ficam cerradas.

O que fazer? Simples: relaxe e sorria! Sim, aquele cartaz de *smile* que parecia tão ingênuo realmente funciona, à luz da ciência. Não vale sorrir com sarcasmo, imaginando as cenas em que seu oponente está destruído. Tem de ser um sorriso sincero. Ou seja, evite pensar no objeto da sua raiva quando estiver sorrindo: pense em você. E deixe seu rosto e seu corpo "dizer" ao cérebro que a situação, afinal, não é tão grave assim...

Desarme

Nesse ponto, devo contar uma história emblemática que aconteceu comigo. Algum tempo atrás, tinha o hábito de jogar futebol toda semana, para descarregar as tensões e não pensar em nada. Os outros jogadores eram quase todos um pouco mais jovens que eu. Um deles, particularmente, reclamava muito cada vez que eu errava algum passe ou alguma jogada.

- Pô, Renato, como você perdeu aquela bola tão fácil?
- Pô, Renato, você nunca passa a bola?
- Pô, Renato, presta atenção!

A cada "Pô, Renato!", minha paciência ia se esgotando. No intervalo, já estava a zero. Parti para cima com as garras e os dentes para fora, pronto para o ataque, querendo ver sangue! Falei com ele em tom de voz ameaçador: "Cara, eu venho aqui para relaxar e não para você ficar me enchendo, entendeu? Você tem algum problema, é isso?".

Pois o rapaz, mais novo que eu, me deu uma aula de inteligência emocional: "Mas Renato, eu só reclamo de caras que admiro!".

Fiquei sem resposta... Fui desarmado! Comecei a recolher as garras e meu estoque de adrenalina. Dei um sorriso, bati nas costas dele e voltamos a jogar.

É a velha história de que "quando um não quer, dois não brigam". É outro dito da cultura popular que tem base real e funciona muito bem no mundo corporativo. Sempre que possível, seja o que não quer brigar.

Desenvolva seu "instinto feminino"

É comum ouvirmos na mídia – e os números realmente comprovam – que as mulheres estão conquistando cada vez mais espaço no mundo corporativo e principalmente assumindo mais funções de liderança. Muito se discute sobre as diferenças entre os estilos de gestão de homens e mulheres e, apesar de existirem diversos estereótipos vazios, algo aceito pelas diversas correntes de pensamento é que as mulheres possuem uma capacidade mais desenvolvida do que os homens de "ler" as emoções e motivações de funcionários, colegas ou gestores.

Ou seja, esse "instinto feminino" pode ser traduzido em maior empatia que, em poucas palavras, é a capacidade de conseguir se colocar no lugar da outra pessoa.

Os neurocientistas acreditam que nossa capacidade de empatia está ligada aos chamados "neurônios-espelho". Esses neurônios, como o próprio nome sugere, explicam por que salivamos quando vemos outras pessoas comendo algo que nos apetece ou franzimos a testa em expressão de dor quando vemos alguém se retorcendo de dor. Pesquisas, ainda que em estágios iniciais, vêm demonstrando que as mulheres possuem mais neurônios-espelho do que os homens. Indo além, estudos conduzidos por Peg Nopoulos e Jessica Wood, da Universidade de Iowa, nos Estados Unidos, mostraram que uma subdivisão do córtex pré-frontal ventral (uma área desenvolvida na cognição social e no julgamento interpessoal) é proporcionalmente maior nas mulheres que nos homens.

Ser empático é uma das características mais importantes para lidar com gente e principalmente para se tornar um líder efetivo. Paradoxalmente, pessoas com alto grau de inteligência racional e que se destacam logo cedo em sua carreira, os *high potentials*, muitas vezes acabam tendo problemas ao assumir cargos de liderança, justamente porque não conseguem demonstrar empatia.

Esses profissionais simplesmente não apenas não conseguem entender por que outras pessoas não acompanham sua velocidade de raciocínio, mas também não conseguem se colocar no lugar das outras pessoas, o que os torna membros de equipe difíceis de lidar e líderes ineficazes.

Portanto, independentemente de você ser homem ou mulher, ao se deparar com situações que possam acionar seu instinto da agressividade, dê vazão ao seu "instinto feminino" e procure se colocar no lugar do outro. Ao compreender as emoções e as motivações da outra pessoa, terá mais chances de achar uma solução *ganha-ganha* para um eventual impasse.

Administre seu impulso de agredir

No mundo corporativo, o grande segredo é saber controlar o impulso inicial de agredir quem nos ataca. Muitas vezes, uma crítica pode ser *apenas* uma crítica e não uma ameaça, como invasão de território. Além disso, normalmente é muito mais positivo receber uma crítica do que não receber *feedback* nenhum. A seguir proponho passos para desenvolver a arte de administrar seu impulso de atacar.

1) Ouça, ouça e ouça

Um erro comum – quando alguém começa a se sentir atacado com uma crítica, por exemplo – é interromper para rebater antes que o raciocínio se complete. Muitas vezes, seu supervisor planejou terminar o discurso de forma positiva e com alguma solução simples. Se você interrompe, não vai ouvir o resultado e vai criar um ruído tremendo na comunicação. Depois de ouvir com atenção e serenidade, uma boa ideia é parafrasear o interlocutor dizendo algo como: "Deixe-me compreender. Você está dizendo que a partir de agora devo fazer isso e aquilo...". É uma boa técnica para ter certeza de que a mensagem ficou totalmente clara. Muitos erros se repetem por simples incompreensão do que precisa ser corrigido.

2) Agradeça

Parece conselho zen-budista... e é mesmo! Receber uma crítica pode ser uma bênção. Imagine que um cliente vá a um restaurante com péssimo serviço. O garçom demora e traz o prato errado ou frio. Então esse cliente fica furioso, mas não fala nada. Paga a conta, vai embora e nunca mais volta. Agora imagine outro cliente que chama o gerente, descreve o que aconteceu, xinga, faz grosserias, o acusa de incompetente e promete nunca mais voltar ali. A pergunta é: quem ajudou mais o restaurante, o primeiro ou o segundo cliente? Claro que foi o segundo. Ao expor a crítica, o gerente pode concluir que as falhas podem estar acontecendo com outros clientes. Graças ao segundo, o restaurante pode corrigir seus procedimentos e evitar uma situação irreversível. Portanto, agradeça os "ataques" que forem feitos e veja se não têm mesmo fundamento. Pode ser uma ajuda útil.

3) Peça direcionamento

Depois de ouvir com atenção, entender com clareza e agradecer pelo *feedback*, peça direcionamento. Pergunte com sinceridade como aquele problema pode ser evitado e corrigido: "Entendi, mas preciso de sua ajuda; o que você acha que posso fazer para corrigir essa situação?". O efeito de pedir direcionamento é imediato para baixar a "carga energética" do interlocutor e desanuviar tensões.

Ataque com a inteligência, não com os punhos

Agora, nem sempre você vai apenas ouvir, agradecer e pedir ajuda. É sempre muito melhor viver em harmonia, mas às vezes o confronto é inevitável. Essa é a hora de usar o melhor antídoto contra emoções destrutivas: a razão produtiva. Isso se reflete no discurso da pessoa.

Na atitude agressiva, a tendência é usar certas palavras e expressões mais que outras. Em geral, são termos exagerados e cheios de carga emocional. Por exemplo:

- Adjetivos como "péssimo!; "horrível!"; "insuportável!"; "ignorante!"; "folgado!".
- Advérbios de intensidade como *"completamente* errado!"; *"totalmente* descabido"; *"simplesmente* um lixo"; "burrice *sem tamanho*!".
- Generalizações como *"ninguém* faz nada!"; "*todo mundo* é folgado"; "*sempre* chega atrasado!".
- Impressões subjetivas como "você está *querendo* me derrubar!"; "você *vive* me criticando!"; "eu *sei* que você tem inveja de mim!".

Esses tipos de discurso têm uma única finalidade: agredir. E precisam ser rechaçados, da mesma forma que Roberto Justus neutralizou o participante inconveniente do programa.

Se você precisar contra-atacar, a melhor estratégia é transformar todas as agressões vagas e exageradas em fatos objetivos, números frios e intenções claras, sempre com firmeza e serenidade e usando todos os recursos relacionados anteriormente. Quando for contra-atacar, faça com inteligência e elegância, não com violência. Afinal, existem críticas injustas e descabidas, e essas têm de ser rechaçadas.

Como na história que contei da minha interação com Marco, alguns gestores estão tão estressados com os problemas do dia a dia corporativo que acabam "dando patadas" sem motivos. Por exemplo, imagine que o chefe cobra de você um atraso em determinada tarefa, porém se esquece que havia pedido outras tarefas mais urgentes no mesmo dia.

Sua resposta pode ser: "Concordo, é mesmo grave. Contudo, repare que naquele mesmo dia você me pediu outras tarefas, que foram classificadas como urgentíssimas. Entenda que priorizei as outras tarefas". Da próxima vez, esse chefe vai, pelo menos, pensar duas vezes antes de já começar criticando você sem ter feito uma análise mais justa da questão.

O uso da razão e da serenidade é a melhor forma de neutralizar a invasão de território. E a melhor forma de defendê-lo é construir sua "personalidade profissional". Se for uma personalidade forte, mas colaborativa, racional e produtiva, seu território estará automaticamente protegido contra invasões e você estará mais próximo do sucesso.

A inteligência, no sentido mais geral da palavra, que é a ciência ou a capacidade de ligar internamente o que é captado (do latim *lego-ere*, que quer dizer juntar ou conectar), é uma arma invencível. Existe de certa forma em outros animais e já existia nos humanos da pré-história. Nunca, porém, esteve tão avançada quanto para nós, seres humanos do século XXI.

CAPÍTULO 12

Converta arrogância em liderança autêntica

"O mais profundo princípio da natureza humana é o desejo de ser apreciado."

William James

A arrogância, como disse, é um comportamento que se origina no instinto de defesa, como se a pessoa estivesse defendendo seu território. A subserviência, seu viés, também é uma maneira de se defender e conseguir proteção.

Em geral, pensamos que os profissionais que usam sua vaidade, ou seu ego, para se posicionar e se estabelecer são os que tendem a ser bem-sucedidos ao longo do tempo. Isso nem sempre é verdade. Ao contrário, na maioria das vezes, o sucesso alcançado por pessoas que se comportam dessa maneira é efêmero. Executivos ou empresários que não se deixam levar pela arrogância e se concentram genuinamente em atender às necessidades dos outros antes de atender às próprias acabam construindo uma trajetória de sucesso mais sólida e duradoura com essa postura.

Todavia, a atitude do altruísmo recíproco, que descrevi anteriormente em detalhes, deve ser preservada ou evitada? Nem uma coisa nem outra:

esse instinto deve ser resignificado, ou seja, transformado em um estilo de liderança que harmoniza a assertividade das decisões com a visão de futuro da organização. O conceito de "líder servidor", que traz essa ideia de altruísmo, trouxe à tona, de maneira enfática e irreversível, a noção de que o verdadeiro líder é aquele que "serve" aos outros que lhe confiaram a responsabilidade da liderança e não aquele que "se serve" de sua posição de poder.

Por isso, use seu instinto de defesa, seu impulso de proteger seu território e seus pares, e converta-os em liderança autêntica. Um dos principais modos de fazer isso é aprendendo a dar e receber *feedbacks*. Esse é mais um dos segredos para desenvolver o instinto do sucesso.

O poder do *feedback*

O senso comum nos diz que as pessoas ficam mais motivadas quando recebem *feedbacks* positivos e a observação do dia a dia parece confirmar esse fato. Há estudos que mostram, porém, que as coisas não são tão simples assim.

Uma pesquisa conduzida por Ayelet Fishbach, da University of Chicago, e Stacey R. Finkelstein, da Columbia University, comprovou que as pessoas realmente ficam mais motivadas para persistir em um objetivo depois de terem recebido *feedback*, mas revelou que isso ocorre tanto para o *feedback* positivo quanto para o negativo.

O *feedback* positivo aumenta a motivação quando as pessoas inferem possuir maior habilidade de perseguir um objetivo ou associam a experiência positiva com o aumento do valor do objetivo. De acordo com a teoria da autoeficácia, do psicólogo canadense Albert Bandura, o *feedback* positivo aumenta o senso de autoeficácia em um indivíduo, reforçando a ideia de que ele é competente para alcançar aquele objetivo e, portanto, seus esforços serão recompensados.

Uma pesquisa realizada em 2000 nos Estados Unidos demonstrou que, depois de terem recebido *feedback* positivo, funcionários das indústrias de transporte desenvolviam forte senso de autoeficácia e maior motivação para alcançar seus objetivos ligados ao trabalho (assegurar que aviões estariam decolando no horário previsto e que os descarregamentos de caminhões seriam feitos de maneira rápida e eficiente).

O curioso é que o *feedback* negativo *também* pode aumentar a motivação. Em um modelo conhecido como "discrepância de autorregulação", no qual o sistema motivacional calcula o tamanho da discrepância entre o estado atual e o resultado desejado e promove as ações necessárias para fechar esse *gap*, o *feedback* negativo é mais motivador do que o positivo ou a ausência de *feedback*.

A sigla TOTE (*Test, Operate, Test, Exit*; em português, Testar, Operar, Testar, Sair) é normalmente usada para descrever esse processo. De acordo com essa noção, uma vez que a pessoa identifica o tamanho da discrepância entre o estado presente e o estado desejado, ela acessa o esforço necessário para atingir esse estado (Testar), o que a leva a se esforçar para atingi-lo (Operar), o que requer uma nova avaliação da distância do objetivo (Testar), o que, por sua vez, gera um ciclo ininterrupto até que o processo chegue ao fim, quando o estado desejado é alcançado (Sair). Vamos pensar em um exemplo real para deixar todo esse processo mais claro.

José decide fazer uma dieta. Ele calcula quanto peso necessita perder (Testar), corta calorias e começa a se exercitar (Operar) e se pesa de tempos em tempos para checar seu progresso (Testar). Ele para a dieta quando atinge o peso desejado, ou seja, quando o *gap* entre o estado inicial e o estado final é eliminado (Sair).

Uma pesquisa conduzida por C. S. Carver e M. F. Scheier, em 1990, extrapolou essas ideias, argumentando que os resultados de certo desempenho provocam emoções positivas ou negativas, o que, por sua vez, funciona como *feedback* para um sistema autorregulatório. Emoções positivas promovem *feedback* positivo, sugerindo que o *gap* entre o estado desejado e o estado inicial está se fechando mais rapidamente do que o esperado. Nesse cenário, as pessoas diminuem seus esforços ou se "acomodam".

Em contraste, emoções negativas promovem *feedback* negativo, sugerindo que a velocidade do fechamento do *gap* entre o estado desejado e o estado inicial não está ocorrendo com a velocidade esperada. Nesse cenário, as pessoas se dedicam mais para atingir o objetivo. Resumindo, esse modelo prevê que as pessoas se esforçam mais para atingir um objetivo quando recebem *feedback* negativo que as faça se sentir "mal" em relação ao objetivo do que quando recebem *feedback* positivo que as faça se sentir "bem" em relação ao objetivo.

Bater ou acariciar?

A grande questão é: quando usar um ou outro tipo de *feedback* para motivar as pessoas? No estudo conduzido por Ayelet Fishbach e Stacey R. Finkelstein, de maneira geral e simplificada sugere-se que, se for necessário mostrar o valor do objetivo e que a pessoa é capaz de atingi-lo, o *feedback* positivo é mais efetivo.

Se for necessário apontar a discrepância entre o desempenho e o objetivo desejado, o *feedback* negativo é mais efetivo. Independentemente de qualquer pesquisa, ter essa sensibilidade de quando usar um ou outro tipo de *feedback* e principalmente como fazê-lo é uma das características que distinguem os grandes líderes. Indo além, para manter sua equipe motivada, um líder necessita entender que as pessoas precisam de atenção e o processo de *feedback* é uma maneira de demonstrar isso.

Em 1927, o pesquisador Elton Mayo conduziu um estudo na Western Electric Company para determinar a relação entre a intensidade da iluminação e a eficiência dos operários medida por meio da produção. Um grupo de observação trabalhava sob intensidade de luz variável, enquanto o grupo de controle tinha intensidade constante. Tanto no grupo experimental quanto no grupo de controle registrou-se aumento na produtividade. Então, a iluminação na sala experimental foi reduzida esperando-se uma queda na produção, mas o resultado foi o oposto: a produção na verdade aumentou. Os pesquisadores, um tanto confusos, não conseguiram provar a existência de qualquer relação simples entre a intensidade da iluminação e o ritmo da produção.

A conclusão, que ficou conhecida como Experiência de Hawthorne, foi que o aumento da produtividade não estava relacionado com a intensidade da luz, mas com a atenção que as funcionárias estavam recebendo ao participar do experimento.

Recentemente, a Experiência de Hawthorne tem sido revista e criticada no seu aspecto metodológico. Contudo, independentemente de uma possível falha na metodologia do estudo, minha experiência como gestor, marido e pai de filhas pequenas diz que atenção é, sim, algo fundamental para influenciar comportamentos e motivar pessoas.

Aprenda a fazer críticas

Saber receber e fazer críticas é fundamental para o aperfeiçoamento de um líder e peça-chave para desenvolver um subordinado ou uma equipe. Vejamos a seguir algumas ideias de como proceder.

- Em primeiro lugar, peça licença, porque você vai "invadir" o território da pessoa, mesmo que seja por uma boa causa. Em vez de ir direto ao assunto, crie o que os psicólogos chamam de *rapport*, ou seja, uma sintonia confortável com seu interlocutor. Pergunte como a pessoa está, como anda o trabalho, coisas simples, como uma "conversa de elevador".
- Em segundo lugar, comece pelo lado positivo, mas tem de ser um positivo de verdade, não uma frase solta. Então, quando for mencionar os problemas, é importante explicar que você vê esses

problemas segundo *sua percepção*. Evite se referir a problemas como verdade absoluta, para deixar espaço para a pessoa se manifestar com outra percepção.
- O terceiro ponto é: sempre se refira às ações e às atitudes, usando exemplos específicos. Ou seja, em vez de falar: "Você é assim", diga: "Você fez aquilo em tal situação". Como o natural é o criticado levar para o lado pessoal, é melhor evitar julgamentos da personalidade para não alimentar essa reação.
- Em quarto lugar, algo muito importante: mostre o resultado, o impacto daquelas atitudes que você está criticando. Por exemplo: "Você não entregou a tarefa no dia X e o resultado foi que perdemos um cliente, ou o presidente da empresa deu uma bronca em todo mundo". A seguir, convide a pessoa para falar e dizer o que acha de tudo, de forma que comece um verdadeiro diálogo. Daí, trace um plano de ação para corrigir o que foi apontado. Desenvolva esse exercício junto com a pessoa, para que ela se sinta parte da elaboração do plano.

E aqui vamos ao que *não fazer* na hora de criticar.

- A primeira atitude é: nunca comente muitas questões na mesma sessão do *feedback*. Não misture, por exemplo, erros de planilha com atrasos e descumprimento de metas, pois o interlocutor não vai focar nada e vai pensar que é perseguição pessoal.
- Em segundo lugar: não realize outras atividades enquanto estiver dando o *feedback*, como ver seu e-mail, atender o telefone ou outras distrações, pois, ao fazer isso, a pessoa pode encarar como desrespeito. Parece óbvio, mas acontece o tempo todo.
- E a outra regra importante de que o líder jamais pode se esquecer: nunca dê um *feedback* negativo na frente de outras pessoas. Traga aquela pessoa para a sua sala, fale o que for preciso, porque isso vai demonstrar respeito por ela.

Crie incentivos que contribuam com a colaboração

Não deixando de reconhecer o mérito individual de cada membro de uma equipe, é importante que os incentivos financeiros estejam alinhados com o instinto de proteção e sejam justos, sem privilégios, porém, considerando a colaboração. Vejamos os seguintes cenários:

- Cenário 1: cada membro da equipe comercial recebe comissão de 2% daquilo que vender se atingir sua meta individual mensal. A meta global mensal não influencia a comissão dos indivíduos dessa equipe. Somente o gestor da equipe é beneficiado pelo atingimento da meta global.
- Cenário 2: cada membro da equipe comercial recebe uma comissão de 1% se atinge sua meta individual mensal e uma comissão adicional de 2% da receita global mensal é disponibilizada para ser repartida entre todos os membros da equipe se a meta global for atingida.

Para efeitos do nosso exercício, partamos dos seguintes pressupostos:

- A equipe comercial é formada por dez executivos de vendas.
- A meta individual mensal de cada um é de R$ 100.000,00.
- A meta global mensal é de R$ 1.000.000,00.

No cenário 1, digamos que a meta global não foi atingida, mas um executivo conseguiu passar sua meta em 50% (gerou R$ 150.000,00) e outro só conseguiu vender 30% de sua meta (gerou R$ 30.000,00). O primeiro executivo receberá comissão de R$ 3.000,00 (2% de R$ 150.000,00) enquanto o outro que não atingiu a meta não receberá comissão. Mesmo havendo um executivo que será bem recompensado por seu mérito individual e outro que será penalizado por sua baixa performance, a empresa não atingiu a meta global e, obviamente, tanto a empresa quanto o gestor serão penalizados.

No cenário 2, com as mesmas premissas que apresentei no cenário 1, o primeiro executivo receberia comissão de R$ 1.500,00 (1% de R$ 150.000,00) referente a sua meta individual; porém, se potencialmente ele tivesse ajudado o colega a atingir a meta individual dele e a empresa tivesse atingido a meta global, o primeiro executivo teria recebido R$ 3.500,00 (1% de R$ 150.000,00 referente a sua meta individual + 2% de R$ 1M/10 referente à meta global). O segundo executivo, que alcançou a meta com a suposta ajuda do colega, teria recebido R$ 3.000,00 (1% de R$ 100.000,00 referente a sua meta individual + 2% de R$ 1M/10 referente à meta global). Ou seja, mesmo nesse cenário mais colaborativo, ainda existe um incentivo adicional para aqueles *tops performers*.

Claramente no segundo cenário o altruísmo recíproco está sendo estimulado, pois se eu ajudar um colega a atingir sua meta, não somente poderei esperar o mesmo comportamento dele se eu precisar dessa ajuda no futuro, mas, mais do que isso, também serei recompensado se ele atingir sua meta porque isso aumentará a probabilidade de que a meta global seja atingida e todos possam compartilhar 2% de comissão adicional.

No primeiro cenário, o primeiro executivo ganhou mais por sua performance individual, mas a empresa não atingiu a meta. No segundo cenário, a empresa ganhou mais sem deixar de incentivar o mérito individual, porque se por acaso um executivo não tivesse atingido sua meta e a empresa sim, ele só ganharia uma porcentagem da meta global, o que seria um valor menor do que aqueles que atingiram suas metas individuais. Você pode ter feito a conta e percebido que no segundo cenário a empresa estaria pagando um valor total maior de comissões do que no primeiro cenário (o valor exato é R$ 10.000,00 a mais se todas as metas fossem atingidas). No entanto, a pergunta que um gestor deve se fazer é: "Qual é o valor de ter uma equipe de alta performance cujos membros trabalham em harmonia e com espírito de cooperação?". Baseado na minha experiência, posso lhe responder categoricamente que isso vale muito mais do que R$ 10.000,00!

O tipo de política de incentivos que se implementa em uma empresa é um fator muito importante para determinar a cultura dela. Existem empresas muito bem-sucedidas com culturas radicais de meritocracia em que claramente a performance do individuo é estimulada independentemente do coletivo. Particularmente, acredito que esse modelo pode funcionar por um tempo, mas criará uma cultura de competição extrema e até de desconfiança, o que será prejudicial ao negócio no longo prazo.

Foque o coletivo

Assim como na natureza, onde o bem comum de uma espécie é mais importante do que o bem-estar de um indivíduo, em uma empresa as decisões devem ser tomadas primordialmente tendo a visão do bem-estar do grupo e não apenas de indivíduos. Seguindo essa diretriz, paradoxalmente você estará fazendo o bem para os indivíduos. É o que Jack Welch fazia.

Obviamente, no caso de demissões ou situações do gênero, é importante agir com respeito, dignidade e generosidade. Tratar de maneira digna funcionários que estão sendo demitidos e, dentro do possível, ser generoso além do que a lei determina, oferecendo programas como *outplacement*, não é somente a maneira moralmente certa de agir, mas é também uma maneira de ser mais rentável, pois isso evita muitos processos trabalhistas, sendo eles justos ou não.

Uma pesquisa conduzida nos Estados Unidos acerca de casos de processos indenizatórios movidos por pacientes contra médicos revelou que o fator mais relevante para esses processos serem movidos não era a gravidade do erro nem a possível quantia que se poderia receber de indenização, mas simplesmente a *maneira* com que esses pacientes foram tratados por esses médicos.

Plante sementes de "puro altruísmo"

Uma pesquisa conduzida por Cassie Mogilner, professora de marketing da Wharton, queria descobrir em que cenários as pessoas sentiam "ter mais tempo". Para isso, ela conduziu o seguinte estudo: a um grupo de voluntários foi designado cumprir tarefas altruísticas como corrigir a redação de algum outro estudante ou escrever um bilhete para uma criança que estivesse doente. Para o outro grupo ela designou que fizessem qualquer atividade no laboratório. Em uma das aplicações do estudo, o segundo grupo "matou tempo" contando a quantidade de letras "e" em um texto em latim. Em uma segunda aplicação do estudo, este grupo fez algo para ele mesmo e em outra instância, simplesmente saiu mais cedo do laboratório.

O resultado foi surpreendente: em todas as aplicações do estudo, os integrantes do grupo que passou tempo ajudando outras pessoas relatavam uma sensação de ter *mais* tempo para eles. Como isso é possível, se na verdade eles tiveram menos tempo para eles mesmos do que o outro grupo? Esse paradoxo gerou algumas hipóteses e a que foi mais aceita é a de que as pessoas que doavam o tempo se sentiam mais capazes, confiantes e úteis. Portanto, elas se sentiam realmente mais efetivas e isso, consequentemente, aumentava a produtividade delas.

Talvez exista uma explicação ainda mais complexa que essa, mas ninguém precisa ser um cientista para saber que quando ajudamos alguém nos sentimos bem.

No prefácio da edição de aniversário de 30 anos do livro *O gene egoísta* (Companhia das Letras, 2007). Richard Dawkins comenta que o título do livro talvez tenha dado uma impressão errada do seu conteúdo e em retrospecto ele reconhece que deveria ter acatado o conselho de seu editor, que sugerira que o livro fosse intitulado *O gene imortal*.

O que Dawkins quis dizer com isso é que qualquer "comportamento" que esteja "codificado" nos nossos genes serve para a preservação da espécie, para a "imortalidade" do gene.

Nós, como seres humanos, podemos ir além do altruísmo recíproco instintivo, praticando simplesmente o "puro altruísmo". Quando você planta "sementes de puro altruísmo" sem esperar nada em troca a não ser a verdadeira satisfação de ajudar alguém, está não só contribuindo para um mundo melhor, mas também para, quem sabe, ocorrer uma mutação no processo evolucionário em que os puros altruístas estarão mais adaptados a sobreviver, passando seus genes para as próximas gerações. Tentando não ser apocalíptico nem usar nenhuma filosofia barata, não existirá mundo daqui a algumas gerações se não houver uma séria mudança de comportamento por parte da "espécie humana". Portanto, seguindo os preceitos da seleção natural em que aquelas características que mais ajudam a preservação da espécie são passadas para as próximas gerações e que, no momento dessa passagem, se ocorrer alguma mutação que se prove benéfica para a adaptação da espécie, essa mutação seguirá para as próximas gerações, acredito que possivelmente haverá mutações que nos transformarão em seres mais altruístas e, por consequência, tornarão nossos genes realmente imortais.

Aceite a realidade: você não será amado por todos

Eu lamento ser portador de más notícias, mas nem todos vão gostar de você, mesmo você sendo o indivíduo mais simpático e altruísta do mundo. Eu sei que é duro enxergar isso, mas é a pura verdade. Indo além, se você tentar agradar a todos, com certeza o resultado será desagradar alguém muito importante: você! Nelson Rodrigues já dizia que toda unanimidade é burra.

Certa vez pedi que os funcionários de uma empresa que eu dirigia me avaliassem de maneira confidencial. Na época, um pouco mais ingênuo, ainda acreditava que todos podiam me "amar". Resultado: alguns funcionários não gostavam da minha maneira de liderar. Na verdade, alguns escreveram comentários que mostravam que eu era... digamos assim, não muito querido.

Obviamente, aquilo me frustrou, porque como todo ser humano, eu queria ser amado por todos. Aqueles comentários me ajudaram por um lado a reavaliar algumas de minhas condutas, mas por outro lado me fizeram entender definitivamente que não é possível agradar a todos e que a liderança pressupõe tomada de decisões impopulares.

Perceba que querer ser amado por todos é sintoma de narcisismo, não de altruísmo. A preocupação em agradar todo mundo prejudica mais do que beneficia o coletivo e, consequentemente, cada indivíduo em particular. Definitivamente, não é mistério para ninguém que empresas privadas existem por razões econômicas, ou seja, necessitam gerar lucros. No entanto, ao passo que geram lucros, aí sim, podem usar parte desses ganhos para atividades altruísticas.

Aprenda a dizer não!

O grande cuidado para quem quer transformar a subserviência em liderança autêntica é aprender a dizer a palavra "não". Isso pode parecer simples conceitualmente, mas na prática requer muita maturidade e inteligência emocional para dizer "não" sem danificar relações ou "fechar portas".

Cada pessoa deve achar seu caminho para saber quando e como dizer "não", mas o mais importante é ter a consciência de que muitas vezes dizer "não" é tão importante quanto dizer "sim". Algo como aquele velho ditado que diz: "Às vezes é preciso perder para ganhar".

Em uma das empresas que dirigi, estávamos crescendo rapidamente, conquistando novos clientes de diversos segmentos e tudo parecia estar indo bem, até que fiz uma análise mais detalhada para entender como estava a rentabilidade da empresa.

Descobri que, apesar de termos muitos clientes, nossa rentabilidade estava bem abaixo da meta. O motivo? Alguns desses clientes, ou pelo excessivo tempo de gestão que demandavam de profissionais sêniores da minha equipe, ou por constantes pedidos que modificavam as práticas da empresa, ou por uma combinação de motivos diversos, geravam um custo maior para a empresa do que o valor que geravam em receitas.

A decisão de dizer "não" a esses clientes era difícil, porque isso, inevitavelmente, poderia implicar a perda de alguns deles. Realmente, perdemos alguns clientes, porém, essa decisão não apenas automaticamente aumentou a rentabilidade da empresa, como também abriu espaço para a conquista de novos clientes, o que contribuiu para a criação de um ciclo virtuoso.

CAPÍTULO **13**

Use a energia de seus impulsos com racionalidade

"A última pessoa que viveu de feeling foi o Morris Albert."

Nizan Guanaes, publicitário,
sobre o autor da canção *Feelings*

Quem sente a impulsividade de reagir rapidamente pode aproveitar essa energia e convertê-la em proatividade, mas, para isso, alguns cuidados precisam ser tomados.

Na hora de tomar decisões, a intuição e a impulsividade podem ser grandes aliadas, mas também podem representar grandes perigos. É preciso ter muita perícia para transformar esses impulsos primitivos em algo construtivo.

Baseie-se em evidências

Muitas vezes, tomamos decisões baseadas em pressupostos falsos, mas que acabam não sendo questionados porque aparentemente fazem sentido. Em um artigo publicado na *Harvard Business Review*, intitulado "Gestão baseada em evidências", os renomados professores de Stanford, Jeffrey Pfeffer e Robert I. Sutton, exploram em profundidade esse conceito.

Basicamente, dizem que é necessário examinar as evidências de que a implementação de determinada estratégia ou política de gestão realmente produzirá os resultados desejados. A análise dessas evidências deve ser baseada nas pesquisas mais atualizadas e, por isso, é fundamental que um administrador esteja sempre estudando o que há de mais avançado em termos de gestão.

Por exemplo, a ideia de criar uma remuneração variável para recompensar funcionários que apresentam bom desempenho é algo que faz sentido, mas antes de adotar uma política como essa é necessário estudar os pressupostos envolvidos nessa decisão.

Em uma tentativa de melhorar o desempenho dos alunos de escolas públicas nos Estados Unidos, criou-se um incentivo financeiro para os professores que conseguissem melhorar o aproveitamento dos alunos. Mais especificamente, o desempenho dos alunos seria medido por suas notas em um teste padronizado, aplicado uma vez ao ano. Essa nova política de remuneração partia de alguns pressupostos:

1. Professores são motivados por incentivos financeiros.
2. Professores são o fator mais relevante para o desempenho dos alunos.
3. É possível medir apropriadamente o desempenho de um aluno por meio da aplicação de um teste padronizado uma vez por ano.

A ideia de criar um incentivo financeiro para os professores que conseguissem melhorar o desempenho dos alunos é bastante plausível, e um gestor que não aplique o conceito da gestão baseada em evidências provavelmente executaria essa ideia confiante do resultado positivo.

A verdade é que todos os pressupostos anteriores são no mínimo questionáveis, se não forem simplesmente incorretos. Professores são motivados por incentivos financeiros? Você já ouviu alguém dizer: "Escolhi a carreira de professor porque queria ganhar muito dinheiro."?

Em segundo lugar, será mesmo o professor o fator mais relevante para o bom desempenho de um aluno? Se você tem filhos, isso talvez o surpreenda, mas estudos mostram que o desempenho dos alunos é muito mais impactado pelo envolvimento dos pais do que pela influência do professor.

Finalmente, a medição do desempenho dos alunos por meio de um teste padronizado, aplicado uma vez ao ano, talvez não seja a melhor maneira de acessar o aproveitamento dos estudantes. Enfim, é necessário questionar os pressupostos por trás de qualquer estratégia para realmente entender se faz sentido ou não aplicá-la.

Outro caso interessante é relatado pelo economista Steven D. Levitt em seu livro *Freakonomics* (Campus, 2007). Levitt relata que, em uma pequena cidade norte-americana, o prefeito observou que havia uma coincidência entre alunos que apresentavam baixo rendimento na escola e a ausência de livros em suas casas. O que ele fez? Comprou centenas de livros e distribuiu nas casas!

É óbvio que havia essa *correlação*, mas não uma *relação de causa e efeito*. Ou seja, o fraco desempenho dos alunos e a ausência de livros eram, ambos, *consequência* de uma causa anterior. O que havia por trás eram famílias sem hábito de leitura ou de estudo por gerações e gerações, fato que, associado às precárias condições de vida dessas famílias, produzia um ambiente desfavorável ao desenvolvimento intelectual das crianças... e também à compra de livros.

É isso que a gestão baseada em evidências ensina: examine os pressupostos e desconfie do senso comum.

Pratique o exercício dos dez minutos

Antes de fazer algo que esteja passando pela sua cabeça, como pedir demissão ou pegar o telefone para ameaçar aquele cliente que ainda não pagou, espere dez minutos.

Estudos conduzidos por neurocientistas para entender como o cérebro processa informações relacionadas a impulsos de comer doces ou "besteiras" para recebermos o que é chamado de "gratificação instantânea", demonstraram que, se as pessoas esperassem dez minutos antes de atacar aquele doce ou saquinho de batatas fritas, o cérebro registraria aquela ação como uma recompensa futura e não como gratificação instantânea.

Dessa maneira, a comparação com outras recompensas futuras como perder peso e caber nas suas roupas se tornavam equiparáveis. Ou seja, a sedução da gratificação instantânea perdia força e a pessoa conseguia vencer aquele impulso, pois o benefício de conseguir entrar naquele jeans se tornava muito mais atraente.

Transferindo essa descoberta para o mundo dos negócios, também há o conflito entre a gratificação instantânea e recompensa futura.

Experimente esperar dez minutos antes de receber a "gratificação instantânea" de olhar para a cara de espanto do seu chefe enquanto você pede demissão ou de falar umas boas verdades para aquele cliente que está atrasando o pagamento. Talvez os benefícios de conseguir aquela promoção se aguentar um pouco mais aquele chefe (e sair daquele departamento) ou de ter mais paciência com aquele cliente – e ele indicar outros clientes com grande potencial – se tornem mais atraentes.

Ou, talvez não! Aí você manda o cliente para aquele lugar e se demite logo em seguida, mas pelo menos saberá que não agiu impulsivamente e terá menos chances de se arrepender. Obviamente isso não se aplica a questões emergenciais. Entretanto, na maioria das situações ligadas ao mundo dos negócios, esperar dez minutos não fará diferença para comunicar algo ou implementar uma decisão, mas pode fazer toda a diferença para evitar o arrependimento.

Aprenda a conviver com a dúvida

Realmente, não é fácil viver com dúvida. Nossa natureza, como foi descrito anteriormente, desenhou-nos para não ter dúvidas, mas a verdade é que em nosso mundo não ter dúvida pode ser muito prejudicial; pode até mesmo condená-lo à prisão...

Foi o caso de Joseph, que estava sendo acusado do assassinato de um jovem e havia fortes evidências de que ele havia cometido o crime, porém, o corpo não havia sido localizado. No discurso de fechamento do caso, o advogado de defesa, sabendo que seu cliente provavelmente seria condenado, tentou uma última estratégia.

"Senhoras e senhores do júri, tenho uma surpresa para todos vocês", disse o advogado enquanto olhava para o relógio. "Em um minuto a pessoa que se presumia morta entrará nesta sala", e ele olhou para a porta de entrada do recinto. Os jurados, meio perplexos, também olharam para a direção da porta.

Um minuto se passou... e nada aconteceu. Finalmente o advogado disse: "Desculpem, eu inventei isso. Ninguém entrará por aquela porta, mas todos vocês olharam esperando que alguém entrasse. Portanto, mostrei a vocês que existe dúvida razoável em relação ao fato de que alguém foi assassinado e insisto que retornem da sala de deliberação com um veredicto de inocente". Os jurados, claramente confusos, deixaram o recinto para se reunirem na sala de deliberação. Alguns minutos após, eles voltaram com o veredicto: culpado!

"Como?", indagou o advogado de defesa. "Vocês devem ter alguma dúvida; eu vi todos olhando para a porta." O representante do júri respondeu: "Sim, nós realmente olhamos, mas o seu cliente não olhou.".

Conviver com a dúvida é mesmo um exercício difícil. No mundo dos negócios, há o mito de que o bom líder nunca tem dúvidas. É óbvio que o gestor tem de decidir (muitas vezes uma decisão ruim é melhor do que a indecisão), mas não pode ser prisioneiro da imagem de infalível. O grande líder deve ser humilde o suficiente para admitir suas incertezas e deve considerar que a dúvida é justamente o caminho que pode levar a uma solução melhor.

Aumente seu nível de dopamina

Em um estudo conduzido pela Universidade da Califórnia, descobriu-se que o aumento do neurotransmissor dopamina na região do córtex pré-frontal diminui a impulsividade em adultos saudáveis.

Para um grupo de voluntários, os pesquisadores deram um remédio, tolcapone, que ajuda a manter níveis mais altos de dopamina no cérebro; para outro grupo, deram apenas um placebo. Depois, os pesquisadores deram uma tarefa para os participantes do estudo que media a impulsividade.

O grupo que havia tomado o remédio demonstrou-se muito menos impulsivo. Enquanto os participantes faziam o teste, foram feitas imagens com ressonância magnética que confirmaram que regiões do córtex frontal do cérebro associadas ao processo de decisão estavam mais ativas naquelas pessoas que haviam tomado o remédio do que naquelas que haviam tomado o placebo.

Pesquisas mostram que manter uma alimentação saudável, exercitar-se regularmente e praticar sexo são as melhores maneiras de manter níveis altos de dopamina no cérebro.

Contudo, cuidado! Não se empolgue com a terceira recomendação. Um dos maiores problemas que alguém pode ter no ambiente de trabalho é deixar que esse tipo de impulsividade (sim, a sexual) fuja do controle. Estou dizendo isso em certo tom de brincadeira, mas a questão é muito séria. Carreiras inteiras já foram destruídas por esse motivo. Portanto, inclusive para evitar qualquer tipo de problema como esse, comece a se exercitar imediatamente e deixe de lado aquele pastelzinho e a batata frita.

Use a impulsividade positiva

Assim como todos os instintos, a intuição e a impulsividade podem ser muito positivas. Não só em situações de emergência, mas também em situações que exigem criatividade. Consultar sua intuição, desde que não seja essa sua única fonte, pode ajudar muito em decisões.

Os norte-americanos têm um nome para essa sensação: *gut feeling*, algo como pressentimento, algo que vem de dentro, do estômago, e lhe diz se está certo ou errado.

Contudo, como saber quando usar ou não o *gut feeling*? Com autoconhecimento. Quando se autoconhece, você sabe se a sensação é fundada em experiências anteriores semelhantes (evidências) e, portanto, se deve ser observada com cuidado, ou se é simplesmente uma impressão sem nenhuma relevância.

Imagine que você seja uma pessoa naturalmente conservadora para investimentos e decida investir parte do seu dinheiro na Bolsa de Valores. Quando voltei dos Estados Unidos, no final de 2006, a Bolsa de Valores no Brasil estava no auge. Eu, com meu glorioso MBA e tendo trabalhado em grandes empresas multinacionais que tinham suas ações negociadas no *stock market*, estava me achando o "guru" e, portanto, mesmo sempre tendo sido mais conservador para investimentos financeiros, não poderia deixar de aproveitar essa oportunidade. Minha intuição "gritava" que aquilo não era para mim, mas todos os dados diziam que a Bolsa era uma ótima oportunidade e deixei que os números falassem mais alto do que a minha intuição.

Os primeiros meses foram excepcionais e eu estava me achando muito inteligente, mas de repente tudo mudou. A crise internacional começou a despontar e as bolsas de valores do mundo inteiro despencaram. Minha reação intuitiva foi tirar aquele dinheiro da Bolsa imediatamente, mas seguindo os conselhos dos especialistas, para não me assustar com altos e baixos, pois se tratava de um investimento de médio e longo prazo, deixei o dinheiro lá. Os especialistas estavam corretos, eu não deveria agir impulsivamente e tirar o dinheiro na primeira queda, mas minha intuição continuava "gritando", cada vez mais alto, que eu não tinha perfil para isso.

Aguentei mais tempo os altos e baixos, mas depois tirei o dinheiro da Bolsa e contabilizei minhas perdas. Se tivesse seguido minha intuição desde o início, em vez de me basear somente nos dados, teria evitado não só a perda de dinheiro, mas também de muita energia. Às vezes, seu *gut feeling*, seu instinto, está de acordo com quem você é. Nesse caso, é a intuição falando: "Bem, se você não se sente confortável em investir na Bolsa, é melhor nem entrar".

O melhor dos mundos é combinar essa energia da impulsividade com planejamento e o mais importante de tudo é aprender com os erros. O extremo oposto também é perigoso: analisar infinitamente um problema pode levar à paralisia. O importante é ter consciência dos dois sistemas, o intuitivo e o racional, pois assim você poderá identificar o que mais se ajusta a cada situação e principalmente de acordo com a sua essência como profissional e como pessoa.

Tanto na seleção natural quanto no mundo dos negócios, falhas são inevitáveis. Na verdade são desejáveis, pois um erro pode abrir caminho para uma nova solução. O ser humano só surgiu por causa de incontáveis falhas e mutações na reprodução dos animais que nos antecederam. Entretanto, o ambiente é que "decide" quais desses acidentes são vantagens ou desvantagens na luta pela sobrevivência. O meu episódio da Bolsa, apesar de ter me custado caro, me ensinou muito sobre mim mesmo e me permitiu usar essa experiência de maneira positiva em outras ocasiões da minha vida profissional. Existem inúmeras histórias de grandes empreendedores que quebraram diversos negócios antes de se tornarem bem-sucedidos.

Portanto, pode começar a celebrar os fracassos e as dúvidas, pois, para você construir seu instinto do sucesso, tem de fazer uma "seleção natural" da sua história. Observando o que deu certo e o que não deu certo na sua trajetória, seus instintos serão uma vantagem inestimável.

CAPÍTULO 14

Use sua ambição para grandes realizações

"Inteligência sem ambição é como um pássaro sem asas."

Salvador Dalí

Assim como o oxigênio é o combustível essencial para a vida da vasta maioria dos seres em nosso planeta, a ambição é o combustível primordial do mundo profissional e corporativo. Como mostrei anteriormente, a ambição está enraizada em nosso instinto ancestral de buscar e acumular alimentos. Sem a ambição não haveria a nossa sociedade conforme conhecemos. Não haveria empresas, grandes invenções, descobertas maravilhosas, gênios da arte, campeões olímpicos... Praticamente toda conquista humana tem por trás a ambição de alguém.

No entanto, como apresentado anteriormente, a ambição exacerbada pode também ser responsável por comportamentos indesejados e nos levar a grandes fracassos não só profissionais, mas pessoais. Por isso, em vez de combatê-la, é preciso direcioná-la para conseguir o que se almeja sem prejuízo de nada ou ninguém.

Ganhe e faça muita gente ganhar

Não há problema em ganhar. Contudo, quando você canaliza sua ambição para realizar algo que beneficie o maior número possível de pessoas, consegue ir muito mais longe.

Quando Bill Gates, no início da Microsoft, decidiu deixar aberto o sistema operacional, projetado para seus computadores, para que pudesse ser usado em qualquer PC (ao contrário do sistema da Apple, que possuía uma arquitetura fechada), ele permitiu que milhares de outras pessoas gerassem riqueza a partir do conceito de arquitetura aberta. Muitos programas, aplicativos e sistemas foram desenvolvidos a partir da plataforma Microsoft, muita gente se beneficiou, e Bill Gates, mais ainda, pois sua plataforma consolidou-se no mercado, e as pessoas começaram a usá-la em massa.

O sistema de franquias é outro exemplo disso. Ao criar um sistema de negócios que permite a dezenas, centenas e até milhares de franqueados capitalizarem o sucesso de uma ideia comprovadamente vencedora, o empresário que desenvolve sua franquia não só atinge muito mais sucesso, mas também propicia a geração de riqueza para muitos outros empresários. A marca cresce, se fortalece e todos ganham.

Talvez o exemplo mais marcante dos últimos tempos, que ilustra bem o que quero dizer aqui, seja a história do fundador do Grameen Bank e ganhador do prêmio Nobel da Paz de 2006, Muhammad Yunus. Ao criar um banco que fazia microempréstimos para a população mais carente de Bangladesh, ele deu oportunidade a tantos novos empreendedores em potencial que, antes negligenciados pela sociedade, agora poderiam gerar riqueza e empregar outras pessoas, criando um verdadeiro ciclo virtuoso. Muhammad Yunus atingiu fama mundial, prestígio e recompensa financeira, mas, muito além disso, ele revolucionou a maneira como as instituições financeiras enxergavam a população mais carente de qualquer país, praticamente desenvolvendo uma nova indústria enraizada no conceito do ganha-ganha.

E essa é a chave: ganhe e proporcione meios para muitos outros ganharem. Quanto maior for sua ambição, e a dos outros, melhor para todos e para você.

Transforme inveja em admiração

O ambicioso ou ganancioso, em geral, é também invejoso, pois ele cobiça nos outros o que quer para si. É mais que natural sentir inveja do sucesso do outro, e sabemos quanto a inveja pode ser destrutiva. A negatividade da inveja ocorre quando não somente queremos ter o que o outro tem, mas, mais que isso, desejamos que o outro simplesmente se dê mal. Trata-se de um sentimento tão poderoso e condenável, que dificilmente admitimos senti-lo.

Aqui a solução é promover uma mudança de paradigma: transformar a inveja em admiração e motivação. Assim, se um colega está em uma posição que você gostaria de ocupar, experimente observar suas qualidades, não seus defeitos. A inveja vai alimentar a sensação de injustiça: "Esse cara está lá porque fez política!"; "Eu faria muito melhor do que ele, mas ninguém vê!". Realmente é difícil conter esses pensamentos.

Pode ser que ele tenha mesmo defeitos. Entretanto, se você prestar atenção nas qualidades, sejam elas quais forem, terá a chance de adotá-las e evoluir!

Use a ambição para minimizar o medo de fracassar

Se fôssemos fazer uma análise sobre quem fracassa, poderíamos dizer apenas uma coisa desse tipo de pessoa: ela arriscou, ela ousou, ela fez. A verdade é que só não fracassa aquele que não tenta. Para realizar grandes feitos, é preciso perder o medo de fracassar, e isso está no viés da ambição. Para isso, você pode usá-la e fazer com que ela o leve mais longe e você não perca o foco do seu objetivo.

Certa vez, ouvi o autor e palestrante Roberto Shinyashiki contar em uma de suas palestras que em sua juventude ele nunca havia sido rejeitado por nenhuma garota. Esse fato, ele explicou à plateia atenta, não era motivo de orgulho, mas sim de tristeza. A razão pela qual ele nunca havia sido rejeitado era simplesmente porque, naquela época, ele nunca tinha coragem de "chegar" em nenhuma garota...

Quando o medo de fracassar gritar dentro de você, mire-se em pessoas que conseguiram grandes feitos. Muitas delas até fracassaram nas tentativas iniciais, mas não desistiram de ir atrás de sua meta.

Sabe-se que Thomas Edison, que inventou a lâmpada incandescente, dentre tantas outras invenções, errou muito até conseguir que seu invento funcionasse. Certa vez, perguntaram a ele como era a sensação de falhar em mil tentativas até conseguir o modo certo de fazer uma lâmpada. E ele respondeu: "Eu não falhei mil vezes. Não falhei nenhuma vez. Eu fui bem-sucedido em provar que aquelas mil alternativas não funcionam. Ao eliminar as que não funcionam, abri caminho para encontrar aquela que funciona".

Quando empreendedores apresentam suas ideias para os *venture capitalists*, e esses investidores acham que a ideia tem potencial, qual perfil de empreendedor você acha que eles priorizam, o daquele profissional que está empreendendo pela primeira vez ou o daquele que já fracassou em outros projetos?

A resposta é a segunda alternativa, pois, no critério da maioria dos investidores, esse empreendedor tem maior potencial de ser bem-sucedido, uma vez que a experiência de ter fracassado e estar novamente buscando empreender comprova resiliência e ambição, características fundamentais para qualquer empresário de sucesso.

Por mais bem concebido e executado, nenhum projeto tem garantia de sucesso. Portanto, o que você deve fazer é sempre considerar um plano B e C para o caso de não atingir o objetivo almejado e jamais se sentir derrotado por não ter logrado êxito em qualquer projeto. Use sua ambição para isso.

Vença sem culpa

Alcançar o sucesso profissional e financeiro é algo maravilhoso e deve ser celebrado. No entanto, muitas pessoas, principalmente no Brasil, inconscientemente se autossabotam por sentir "culpa" do próprio sucesso.

A energia atômica pode ser usada para salvar vidas com os avanços tecnológicos da medicina, mas também pode matar milhares de pessoas se usada em bombas e mísseis. Tudo depende de como é usado esse "poder".

O sucesso profissional e financeiro funciona de maneira similar. Uns podem usá-lo para dar oportunidades a outras pessoas e melhorar nossa sociedade; outros podem usá-lo para "pisar" nos outros e promover apenas seu bem pessoal. Portanto, não há nada de errado em ter ambição para atingir grandes realizações, que consequentemente poderão lhe trazer dinheiro e poder.

Basta você não perder de vista um propósito maior que deve estar associado à sua ambição.

CAPÍTULO **15**

Construa seu legado

"Sua história é o maior legado que você deixará para seus amigos. É o mais duradouro legado que você deixará para seus herdeiros."

Steve Saint

A fera selvagem por trás do instinto de reprodução vai querer sempre predominar – ou seja, o desejo forte de manter, a qualquer custo, o que você criou vai existir. Como já disse, é isso o que você deseja que aconteça com seus genes, e por isso quer se reproduzir. O perigo é correr o risco de tornar-se obsoleto ou não mais adaptado às situações, pois manter algo que era eficiente e bom no passado talvez não tenha o mesmo efeito no presente.

O mundo muda e se transforma, essa é a base da evolução. Por isso, você tem de se adaptar. Use o que a seleção natural tem de melhor: a transformação.

Celebre a transformação, a mistura e a diversidade

É apenas se transformando que você vai conseguir permanecer adaptado e construir seu legado. É preciso adotar práticas novas, abraçar as novidades, arriscar-se ao que é diferente, para respirar o ar do futuro para entrar em sintonia com o presente. Essa é a essência de evoluir e aprimorar-se!

No início da evolução na Terra, os organismos se reproduziam fazendo cópias de si mesmos. O resultado disso é que o processo de variação das espécies era muito lento. O surgimento da reprodução sexuada significou uma vantagem evolutiva enorme, graças à variedade que a mistura de genes proporciona. Cada espécie tinha muito mais chances de produzir indivíduos mais adaptados ao ambiente. Macho e fêmea, portanto, têm de "negociar" seus genes.

O cientista britânico Matthew Ridley diz que só o ser humano é capaz de "juntar" dois cérebros e a partir daí aumentar o valor de qualquer ideia. É nesse contexto, segundo ele, que ideias "praticam sexo" e essa combinação de "genes" tem a chance de gerar ideias muito mais adaptadas ao meio, ou seja, mais relevantes para o nosso mundo. Indo além, ele diz que para o avanço da nossa sociedade, não importa quão inteligentes indivíduos possam ser, mas sim, qual o grau de inteligência de um "cérebro coletivo".

No mundo corporativo vemos isso claramente. Se você quiser replicar sua marca ou suas ideias, não conseguirá fazê-lo sozinho. Você terá de negociar com outras pessoas ou empresas, terá de absorver tecnologias ou outras ideias e, sobretudo, se adaptar ao mercado. A troca de ideias e a diversidade são levadas tão a sério nos Estados Unidos que muitas empresas propositalmente mantêm cotas de diversidade étnica em seus quadros porque essa riqueza cultural também pode se transformar em uma vantagem competitiva. A própria natureza privilegia a mistura.

Empresas gigantes desapareceram por falta de adaptação. Foram extintas como os dinossauros ou os mamutes. Pan Am, Varig, Arthur Andersen e Mappin, outrora empresas líderes em seus segmentos, são clássicos exemplos de companhias que desapareceram.

Nos anos 1990, a Microsoft lançou sua enciclopédia em CD-ROM chamada *Encarta* e se na época alguém lhe perguntasse se era possível para uma "enciclopédia", da qual seus autores eram voluntários, concorrer com um produto em que os autores eram muito bem pagos por uma corporação gigantesca, provavelmente você teria dito que isso seria impossível. Contudo, alguns anos depois, essa "enciclopédia" em que os autores não são pagos, conhecida como Wikipédia, se tornou a referência e a *Encarta* simplesmente desapareceu.

A Wikipédia, fundação dirigida por Jimmy Wales, entre outros, é um perfeito exemplo de como uma ideia simples pode se replicar e deixar seu legado. A ideia de fazer um site colaborativo em forma de enciclopédia, cujos verbetes são escritos pelos usuários, deu tão certo que se tornou um dos sites mais visitados no planeta. São quase 20 milhões de artigos, escritos em 285 idiomas e lidos por 360 milhões de leitores.

O site é de acesso completamente gratuito e o trabalho dos colaboradores, totalmente voluntário e altruístico. Se um matemático se esmera em fazer ou aperfeiçoar um verbete em sua área, é porque sabe que, por exemplo, um historiador também fará o mesmo, fazendo com que todos saiam ganhando.

Logicamente, o projeto é criticado, especialmente pelos editores das enciclopédias tradicionais e também por publicações acadêmicas, pela falta de rigor. As críticas, porém, são cada vez menores, pois o próprio sistema de atualização constante tem apurado o conteúdo dos verbetes.

Os fundadores da Wikipédia poderiam, com seu talento, ter montado uma corporação de softwares como a Microsoft ou tantas outras. No entanto, diferentemente desses gigantes da informática – cujo foco obviamente é financeiro –, os rapazes da Wiki resolveram apostar em deixar um legado para a humanidade: disseminar todo o conhecimento humano.

Construa sua marca no mundo

No mundo corporativo, há muitos exemplos de pessoas ou marcas que deixaram seu legado. Steve Jobs, o genial fundador da Apple, deixou como legado o que até hoje é o *slogan* da empresa: *think different*, ou "pense diferente", associado a uma busca quase obsessiva pela perfeição funcional e estética dos produtos.

Repare que o legado não está no produto em si, pois daqui a poucos anos o iPod, o iPhone e o iPad serão produtos ultrapassados. O legado está na "alma" por trás deles. Enquanto a Apple conseguir praticar o *think different*, o legado de Jobs continuará vivo.

Grandes artistas como Leonardo Da Vinci, Picasso, Bach ou Beethoven se tornaram imortais por intermédio de suas obras. Grandes cientistas como Albert Einstein, Sigmund Freud ou Albert Sabin se tornaram imortais por meio de suas teorias revolucionárias ou descobertas de grande valor para a humanidade. Madre Teresa e nossa Irmã Dulce não tiveram filhos, não criaram obras artísticas, não descobriram curas ou teorias revolucionárias nem criaram empresas bilionárias, mas por suas ações humanitárias deixaram um legado que transcendeu suas vidas.

Alguns podem achar que a vaidade é que movia muitos desses gênios da humanidade. Se pensarmos, porém, em Johann Sebastian Bach, por exemplo, veremos que isso está distante da verdade. Bach certamente foi um dos maiores gênios da música de todos os tempos, mas, na verdade, em sua época, ele era um "simples" operário da música: trabalhava humildemente compondo suas obras a serviço da igreja, como um carpinteiro ou qualquer outro profissional. Não havia cachês milionários, empresários e *rockstars* na época. E veja o que ele fez!

Quando analiso minha mudança de carreira, vejo que talvez estivesse inconscientemente também buscando deixar um legado. A música para mim sempre foi importante e era um instrumento que me permitiria transcender minha existência, mas a carreira de executivo se tornou um caminho mais tangível para isso ocorrer. Pode ser que daqui a 200 anos alguém descubra um CD meu e ache sensacional. Pode ser...

Todavia, como executivo, pude de maneira tangível impactar positivamente centenas de vidas de pessoas que trabalharam direta ou indiretamente comigo. Mais recentemente, como autor e palestrante, tenho deixado um legado ainda mais presente, pois tenho conseguido atingir milhares de pessoas que têm se inspirado a buscar a excelência em sua carreira e na gestão de seus negócios. Ou seja, além da propagação dos meus genes através das minhas duas filhas, tenho também propagado meus "genes" por meio do meu trabalho.

Para construir seu legado, entenda que é preciso transformar seus instintos em algo que transcenda o simples objetivo de conseguir dinheiro e poder. Afinal, dinheiro e poder são ótimos, mas são iguais para todos. Buscar dinheiro e poder, por si só, não diferencia ninguém.

É preciso buscar algo mais profundo, que realmente possa sobreviver às gerações. Podem ser ideias, atitudes, ações... Algo que fique gravado para sempre e influencie os profissionais do futuro. Para atingir isso, é necessário colocar sua alma em tudo o que se propuser a fazer.

Deixar um legado duradouro é a maneira de reproduzir quem você é, quem você foi e quem você será. Deixar uma marca no mundo transcende o tempo, pois ele não consegue destruí-la com suas alterações de ambiente. É a própria essência de ter passado pelo planeta Terra e ter feito a diferença para todos. É a grande expressão do altruísmo recíproco, que é mais forte quanto maior for sua missão de vida.

Deixe sua marca. Pense nisso.

CAPÍTULO **16**

Aja como um verdadeiro vencedor

Confie em você. A autoconfiança é um dos fatores decisivos em qualquer trajetória rumo ao sucesso. Para isso, chame a responsabilidade para si e saiba que você é capaz de dar conta dela.

A BBC de Londres encomendou uma experiência para testar quanto a atitude de uma pessoa pode influenciar o comportamento de outras. Foram chamados um ator e dois grupos de voluntários. Eles participariam de um jogo em que os dois grupos de voluntários, cada um de uma vez, teriam de apostar contra o ator determinada quantidade de dinheiro que achassem razoável, segundo quanto acreditavam que poderiam ganhar do ator. Eles não sabiam que era um ator, claro.

Contra um grupo de voluntários, o ator se comportava de maneira confiante, segura e dominante, tanto no preenchimento do formulário quanto no jogo em si. Para o outro grupo, o ator simulava uma atitude contrária: insegura, medrosa e submissa.

Quando se mediram as apostas dos dois grupos, foi observado um padrão claro: para o grupo em que o ator se portou de maneira confiante, as apostas eram muito menores, ou seja, os voluntários não estavam tão seguros de que ganhariam o jogo. Já no grupo em que ele se comportou de maneira insegura, foi o oposto: alguns voluntários chegaram a apostar o valor máximo em certas rodadas.

Perceba que muito da atitude que o ator sinalizava era com comunicação não verbal. Por isso, sua postura é muito importante. A maneira como você se senta, sua expressão facial, como olha para as pessoas, o tom de voz... Tudo isso comunica uma atitude de vencedor ou perdedor. Por isso, aja como um vencedor, assuma uma atitude de campeão e, acima de tudo, seja feliz hoje.

Um dos maiores impedimentos para nos tornarmos realmente competitivos, no sentido de competitividade positiva que apresentei anteriormente, e conseguirmos vencer na profissão, é estar sempre esperando algo acontecer para nos tornarmos felizes.

A maioria das pessoas acaba seguindo uma fórmula de sucesso que tem sido ensinada por muito tempo, que é a seguinte: trabalhe duro e se dedique ao máximo para se tornar bem-sucedido e, quando você for bem-sucedido, estará realizado e feliz.

Com esse padrão de pensamento, estamos sempre esperando conseguir algo para nos sentirmos realizados e felizes. Aquele aumento de salário, aquela promoção para um cargo de liderança ou aquele trabalho dos sonhos.

Eu mesmo vivi por muitos anos nesse padrão: "Se eu entrar em um MBA prestigiado, estarei realizado e feliz". Fui aceito em um dos 25 mais prestigiados MBAs do mundo. Fiquei feliz por um tempo, mas comecei de novo: "Se eu conseguir trabalhar em um dos grandes estúdios, aí, sim, estarei realmente feliz". O que aconteceu? Consegui um emprego na Warner Bros. em Los Angeles. O que aconteceu? Fiquei feliz por um tempo e aí comecei de novo: "Se eu conseguir um cargo de liderança, aí, sim, estarei realmente feliz". O que aconteceu? Bem, você já entendeu o padrão.

O problema é que essa fórmula está invertida. No livro *O jeito Harvard de ser feliz* (Saraiva, 2012), Shawn Achor afirma que esperar por algo para se tornar feliz limita o potencial do nosso cérebro para o sucesso, enquanto cultivar "cérebros positivos" nos torna mais motivados, eficientes, resilientes, criativos e, consequentemente, mais produtivos. Essa descoberta foi confirmada por centenas de estudos científicos com milhares de estudantes e funcionários de grandes empresas.

Devemos obviamente ter objetivos e ambição para consegui-los, mas não devemos depositar neles nossa felicidade porque senão, paradoxalmente, teremos menos chances de alcançá-los.

Por isso, seja feliz já, sem perder o sucesso de vista.

PALAVRAS FINAIS

Use seu poder de opção

É claro que somos muito influenciados por nossa herança genética, mas o ambiente também tem relevância. Somos o resultado dessa interação e nunca predestinados a nada. Você sempre tem uma escolha. A todo momento, você pode optar pelo que quer fazer com os recursos que possui.

Já é consenso no meio científico que somos, de fato, um *mix* entre natureza e criação. Os pesquisadores divergem com relação à porcentagem de influência de um e de outro fator, mas concordam com a tese principal.

O caso real de Sam Childers, um norte-americano retratado no filme *Redenção*, interpretado pelo astro de Hollywood, Gerard Butler, ilustra de maneira dramática como podemos transformar nosso comportamento, independentemente de nossa herança genética ou do ambiente a que somos expostos.

Childers era um jovem completamente problemático: viciado em drogas e envolvido com tráfico, alcoólatra, violento, membro de uma gangue de motociclistas e tudo o que se possa imaginar de negativo em uma pessoa. Ele poderia perfeitamente achar que nasceu "torto", ou seja, que tinha predisposição genética para a delinquência e, portanto, era um caso perdido.

Houve um momento, porém, que algo deflagrou uma mudança radical em Childers. Foi quando ele se converteu ao cristianismo e canalizou toda sua energia para a criação de uma empresa no ramo da construção civil. Com muita dedicação e foco, Sam, já construtor e empresário, fez seu empreendimento prosperar a ponto de proporcionar a ele e à sua família uma vida financeiramente estável como nunca antes havia experimentado.

Entretanto, a grande mudança na vida de Sam Childers realmente aconteceu quando ele entrou em contato com o sofrimento de crianças, órfãs das guerras civis na África. Em 1998, em uma viagem ao Sudão, em que foi acompanhar uma missão de sua igreja com o objetivo de ajudar os mais necessitados, viu de perto os horrores da guerra e segurou nos braços uma criança com o corpo praticamente destruído pela explosão de uma mina.

Aquela visão o impactou profundamente e levou-o a tomar uma importante decisão: passaria o resto da vida lutando para resgatar e proteger as crianças órfãs das intermináveis guerras civis da região. Foi exatamente o que fez. Além de suas novas habilidades de construtor e empresário, usou uma de suas habilidades do passado, que era saber lidar com armas de fogo. A imagem clássica de Sam Childers, em que ele aparece com uma Bíblia em uma mão e um fuzil na outra, conferiu-lhe o apelido de *Machine Gun Preacher* (o pregador da metralhadora).

Contudo, além das ações de resgate, que salvaram milhares de crianças, Sam fundou um importante orfanato no Sudão, chamado Angels of East Africa (Anjos da África do Leste), que abriga e alimenta diariamente centenas de crianças órfãs.

Toda a sua agressividade, o medo e os impulsos destrutivos foram transformados em uma atitude positiva. É como se virasse o botão de uma usina de energia. Tudo isso só foi possível porque Sam Childers decidiu, conscientemente, *optar* pela mudança, como se dissesse: "Dane-se minha herança genética e minha criação! Eu tenho o livre-arbítrio para decidir o que quero ser".

Nas próprias palavras, ele diz que as crianças é que o salvaram e não o contrário. Essa é a força quase milagrosa que um propósito tem de promover qualquer tipo de mudança, por mais improvável que possa parecer.

Quando Sam Childers encontrou um propósito significativo para sua vida, uma missão que transcendia a própria existência, ele começou realmente a viver. Sam Childers está, assim, não só vivendo, mas construindo seu legado e se tornando imortal.

Sua história é uma prova irrefutável de que podemos, sim, lidar com nossos instintos, sejam eles quais forem, e transformá-los em algo bom para o mundo.

Stephen Covey dizia que entre o estímulo e a ação existe um espaço. Esse espaço pode ser menor ou maior, dependendo de quem você é. Contudo, sempre existe esse espaço para que você decida qual será sua reação em relação a um estímulo.

Independentemente da nossa herança genética ou do ambiente a que somos expostos, existe algo que vai além de tudo isso e está ao alcance de qualquer um de nós: o poder da opção!

Opte por valorizar tudo de bom que você tem, opte por reagir positivamente às coisas e opte, principalmente, por usar o que nos diferencia de todos os outros animais da Terra: a capacidade de usar a razão para domar nossas feras interiores.

É assim que, em vez de criar um mundo destrutivo, vamos construí-lo e preservá-lo para as próximas gerações.

Em vez de disseminar o medo e a insegurança, vamos ajudar as pessoas a se superarem.

Em vez de usar o ódio para fazer guerras e disputas irracionais, vamos usar nossa energia para ousar e ir mais longe, pois o território é de todos. Somos TODOS da mesma espécie, não precisamos nos matar.

Em vez de armar muros para nos proteger do perigo, vamos desarmar as cercas e nos defender mutuamente.

Em vez de querer acumular para poucos, vamos compartilhar com muitos o bem comum.

Esse é o maior legado que poderemos deixar. Isso vale a pena ser reproduzido.

É essa a marca que deverá ser deixada pelo ser humano do futuro. O ser humano evoluído que aprende a cada dia a ser sempre melhor. Esse é o verdadeiro instinto do sucesso!

Referências

Livros

ACHOR, Shawn. *The happiness advantage*: the seven principles of positive psychology that fuel success and performance at work. First edition. New York: Crown Business, 2010.

BARRETT, Deirdre. *Supernormal stimuli*: how primal urges overran their evolutionary purpose. Kindle edition. New York: W. W. Norton & Company, 2010.

COVEY, Stephen R. *O oitavo hábito*: da eficácia à grandeza. 1. ed. Rio de Janeiro: Bestseller, 2009.

_____. *Os 7 hábitos das pessoas altamente eficazes*: lições poderosas para a transformação pessoal. 23. ed. Rio de Janeiro: Bestseller, 2005.

DAMÁSIO, António R. *O erro de Descartes*: emoção, razão e o cérebro humano. 2. ed. São Paulo: Companhia das Letras, 2006.

DARWIN, Charles. *The origin of species*. Reissue edition. New York: Bantam Classics, 2008.

DAWKINS, Richard. *O gene egoísta*. São Paulo: Companhia das Letras, 2007.

DeLONG, Thomas. *Flying without a net*: turn fear of change into fuel for success. 1st. edition. New York: Harvard Business Review Press, 2011.

DIAMOND, Jared. *The third chimpanzee*: the evolution and future of the human animal. Reissue edition. New York: Harper Perennial, 2008.

GOLEMAN, Daniel. *Inteligência emocional*: a teoria revolucionária que redefine o que é ser inteligente. 23. ed. Rio de Janeiro: Objetiva, 1995.

GRINBERG, Renato. *A estratégia do olho de tigre*: atitudes poderosas para o sucesso na carreira e nos negócios. 6. ed. São Paulo: Gente, 2011.

HARFORD, Tim. *Adapt*: why success always starts with failure. Kindle edition. New York: Farrar, Straus and Giroux, 2011.

KAHNEMAN, Daniel. *Rápido e devagar*: duas formas de pensar. 1. ed. Rio de Janeiro: Objetiva, 2012.

KOFMAN, Fredy. *Metamanagent*: o sucesso além do sucesso. Rio de Janeiro: Campus, 2004.

LEVITT, Steven D., DUBNER, Stephen J. *Freakonomics*: o lado oculto e inesperado de tudo que nos afeta. Edição revista e ampliada. Rio de Janeiro: Campus, 2007.

LOCKE, John. *Ensaio sobre o entendimento humano*. 1. ed. São Paulo: Martins Fontes, 2012.

McGONIGAL, KELLY. *The willpower instinct*: how self-control works, why it matters, and what you can do to get more of it. Kindle edition. New York: Avery, 2011.

PINKER, Steven. *The blank slate*: the modern denial of human nature. Kindle edition. London: Penguin Books, 2003.

_____. *The language instinct*: how the mind creates language. Kindle edition. New York: HarperCollins, 2010.

RAMACHANDRAN, V. S. *Fantasmas no cérebro*: uma investigação dos mistérios da mente humana. Rio de Janeiro: Record, 2004.

SELIGMAN, Martin. *Aprenda a ser otimista*. Rio de Janeiro: Nova Era, 2005.

TOLLE, Eckhart. O poder do agora: um guia para a iluminação espiritual. 5. ed. Rio de Janeiro: Sextante, 2002.

WELCH, Jack. *Straight from the gut*. New York: Business Plus, 2003.

WRIGHT, Robert. *The moral animal - Why we are, the way we are*: the new science of evolutionary Psychology. Kindle edition. United Kingdom: Vintage, 2010.

Artigos

FISHBACH, Ayelet, FINKELSTEIN, Stacey R. *How feedback influences persistence, disengagement, and change in goal pursuit*. University of Chicago/Columbia University.

HAMILTON, William. *The genetical evolution of social behaviour*. The Galton Laboratory, University College, London, W.C.2. (Received 13 May 1963, and in revised form 24 February 1964).

HOW much porn does the internet hold? Apr 5, 2012. http://gizmodo.com/5899327/how-much-porn-does-the-internet-hold. Acesso em: 9 jan. 2013.

PFEFFER, Jeffrey; SUTTON, Robert I. *Evidence-based management*. Harvard Business Review.

PIANKA, Eric R. *Can human instincts be controlled?* <http://www.documbase.com/Can-Emotions-Be-Controlled.pdf>. Acesso em: 8 jan. 2013.

STRATTON, Kelcey J. *Mindfulness-based approaches to impulsive behaviors*. The New School Psychology Bulletin, v. 4, n. 2. <http://www.nspb.net/index.php/nspb/article/view/24> Acesso em: 9 jan. 2013.

THE HAWTHORNE Studies conducted by Elton Mayo (s/d). <http://www.trainanddevelop.co.uk/article/the-hawthorne-studies-conducted-by-elton-mayo-a168>. Acesso em: 9 jan. 2013.

TRIVERS, Robert L. *The Evolution of Reciprocal Altruism*. The Quarterly Review of Biology, v. 46, n. 1, (Mar., 1971). <http://www.jstor.org/discover/10.2307/2822435?uid=2129&uid=2&uid=70&uid=4&sid=21101552569783>. Acesso em: 9 jan. 2013.

UM POUCO maior (s/d). http://psicologiadagestalt.blogspot.com.br/2011/05/diferentes-sim-mas-o-que-isso-quer_18.html. Acesso em: 9 jan. 2013.

WHAT made Darwin a creative thinker. *BBC News*. Wednesday, 6 nov., 2002. http://news.bbc.co.uk/2/hi/health/2400447.stm. Acesso em: 9 jan. 2013.

Filmes

BATMAN: o cavaleiro das trevas ressurge. Direção de Christopher Nolan. Produção de Christopher Nolan, Charles Roven e Emma Thomas. Roteiro de Christopher Nolan e Jonathan Nolan. EUA, Reino Unido. DC Entertainment / Legendary Pictures / Syncopy / Warner Bros. 2012, 165 min., color., son.

INSTINTO SELVAGEM. Direção de Paul Verhoeven. Produção de Alan Marshall. Roteiro de Joe Eszterhas, Gary L. Goldman., StudioCanal, Carolco Pictures. EUA, 1992, 123 min., color., son.

MATRIX Direção de Lana Wachowski (Larry Wachowski), Andy Wachowski. Produção de Joel Silver. Roteiro de Larry Wachowski, Andy Wachowski Warner Bros. Pictures / Village Roadshow Pictures / Silver Pictures / Groucho II Film Parnership. EUA, Austrália. 1999, 136 min., color., son.

O INCRÍVEL HULK. Direção de Louis Leterrier. Produção de Avi Arad, Kevin Feige, Gale Anne Hurd. Roteiro de Zak Penn. Estúdio: Marvel Enterprises / Universal Pictures. EUA. 2008, 114 min., color., son.

REDENÇÃO. Direção de Marc Forster. Produção de Robbie Brenner, Craig Chapman, Marc Forster, Deborah Giarratana e Gary Safady. Roteiro de Jason Keller. Estúdio: Moonlighting Films / GG Filmz / Safady Entertainment. EUA. 2011, 130 min., color., son.ROCKY, um lutador Direção de John G. Avildsen. Produção de Robert Chartoff, Irwin Winkler. Roteiro de Sylvester Stallone. United Artists / Chartoff-Winkler Productions. EUA. 1976, 119 min., color., son.

STAR WARS: o império contra-ataca. Direção de Irvin Kershner. Produção de Gary Kurtz, Rick McCallum. Roteiro de Leigh Brackett, Lawrence Kasdan. Estúdio: Lucasfilm Ltd. EUA. 1980, 124 min., color., son.

Para ler o código abaixo, baixe em seu celular, *smartphone*, *tablet* ou computador um aplicativo para leitura de QR code. Abra o aplicativo, aponte a câmera de seu aparelho ou a webcam de seu computador para a imagem abaixo e acesse uma palestra do autor sobre o tema deste livro.

www.editoragente.com.br/o-instinto-do-sucesso

Este livro foi impresso pela
Yangraf em papel *offset* 75 g.